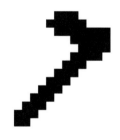

마인크래프트
농사 가이드

Original English language edition first published in 2018 under the title
Minecraft Guide To: Farming by Egmont UK Limited.
The Yellow Building, 1 Nicholas Road, London, W11 4AN

Written by Alex Wiltshire
Edited by Stephanie Milton
Designed by Joe Bolder & Ant Duke
Illustrations by Sam Ross
Cover designed by John Stuckey
Cover illustration by BSmart
Production by Louis Harvey and Laura Grundy
Special thanks to Lydia Winters, Owen Jones, Junkboy, Martin Johansson and Marsh Davies.

This edition is published by arrangement with Egmont UK Limited,
through Kids Mind Agency, Korea

⬛MOJANG

1판 1쇄 2018년 11월 15일
1판 2쇄 2020년 1월 15일
ISBN 978-89-314-5811-4

발행인 김길수
발행처 (주)영진닷컴
주 소 서울특별시 금천구 가산디지털2로 123 월드메르디앙벤처센터 2차 10층 1016호
등 록 2007. 4. 27. 제16-4189호

Staff 번역 이주안 / 진행 김태경 / 편집 지화경

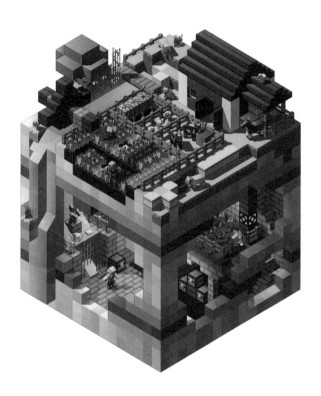

마인크래프트

2 농사 가이드

차례

1. 작물 재배

2. 동물 사육

3. 적대적인 몹 사육

4. 블록 양식

소개

마인크래프트 공식 가이드북 농사편에 오신 것을 환영합니다! 마인크래프트를 플레이하는
방법에는 여러 가지가 있지만 그 중에서도 가장 큰 성취감을 얻을 수 있는 것은 서바이벌
모드에서 엔드로 모험을 떠나는 것입니다. 농사를 지으면 여행에 필요한 아이템과 블록을
빠르고 효율적으로 만들 수 있습니다.

여러분을 대신해 일을 해주는 농사 시스템에 대해 알아가다 보면 재미도 즐길 수 있고,
작물과 가축이 성장하는 모습을 관찰하다 보면 성취감도 얻을 수 있을 것입니다.
이 책에서는 농사로 생산할 수 있는 것과 농사를 지어야 하는 이유, 그리고 농사를 짓는
방법을 살펴볼 것입니다. 작물로 시작해 가축, 적대적인 몹을 키워보고 블록 양식으로
마무리를 지을 것입니다.

농사는 생존과 모험에 필요한 자원을 만들 수 있는 가장 간단한 방법입니다. 여기서는
실용적으로 농사를 하는 방법에 중점을 두어 최소한의 자원으로 쉽고 안전하게 농장을
만들고 사용하는 방법을 알아볼 것입니다. 결국 농사는 마인크래프트에서의 삶을 윤택하게
만들기 위한 것입니다. 물론 그렇다고 이 책을 읽는 여러분의 창의력이 부족하고 바보같다는
뜻은 아닙니다.

여러분의 창의력을 마음껏 펼치고 즐겨보세요!

오웬 존스(OWEN JONES)
모장(Mojang) 팀

농사란?

서바이벌 모드에서는 살아가거나, 새로운 능력을 얻거나, 새로운 장소로 가려면 특별한 아이템이나 블록, 음식이 필요할 때가 자주 찾아옵니다. 하지만 필요할 때마다 위험스러운 모험을 떠날 필요는 없습니다. 약간의 독창적인 아이디어만 있으면 필요한 아이템을 아주 간편하게 만들 수 있습니다.

작물

단순한 모양의 농장에서부터 놀라운 자동 농사 기계에 이르기까지 맛있는 작물을 재배하는 다양한 방법을 배워볼 것입니다. 그리고 수확한 작물로 무엇을 만들 수 있는지도 알아볼 것입니다.

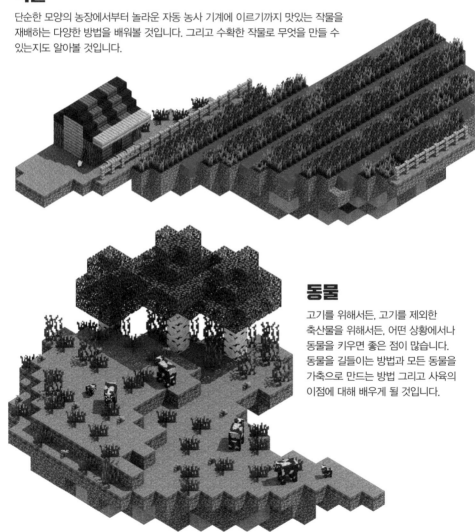

동물

고기를 위해서든, 고기를 제외한 축산물을 위해서든, 어떤 상황에서나 동물을 키우면 좋은 점이 많습니다. 동물을 길들이는 방법과 모든 동물을 가축으로 만드는 방법 그리고 사육의 이점에 대해 배우게 될 것입니다.

적대적인 몹

적대적인 몹을 죽이면 귀중한 보물뿐만 아니라 경험치도 얻을 수 있습니다. 적대적인 몹을 조심스럽게 키워보세요. 겁이 많다면 어쩔 수 없지만 큰 보상을 거둘 수 있을 것입니다.

블록

거대한 작품을 만들고 싶은 건축가나 정원사라면 블록을 양식해보세요. 야생에서 직접 블록을 찾으러 다니지 않아도 건축에 필요한 재료를 만들 수 있습니다.

농사의 기초

최대한 효율적으로 농사를 지으려면 도구와 아이템 그리고 농사의 개념과 과정에 대해 어느 정도 알고 있어야 합니다. 몇 가지 중요한 부분들을 간략하게 살펴봅시다.

깔때기와 상자

대부분의 농사 장치에서는 깔때기를 사용해 자동으로 생산물을 모아 상자로 보냅니다. 깔때기는 위에서 떨어지는 모든 아이템을 빨아들입니다. 깔때기를 연결하려면 먼저 생산물을 보관하려는 곳에 상자를 설치한 다음, 웅크린 채로 상자 옆면이나 윗면에 깔때기를 설치하세요. 여러 개의 깔때기를 연결해야 하는 경우 계속 웅크린 상태로 깔때기를 설치하세요. 아이템은 위로 올려 보낼 수 없고 깔때기를 통해 밑으로 내려 보낼 수만 있다는 것을 기억하세요.

레드스톤

잠시 후 여러분은 농사 기계를 만들 때 레드스톤이 필요하다는 것을 알게 될 것입니다. 레드스톤을 블록 위에 놓으면 전선이 생겨 레버와 피스톤 같은 블록들을 연결할 수 있습니다. 레드스톤 광석은 Y좌표 16 이하에서 한 번에 4–8 개씩 찾을 수 있습니다. 레드스톤 광석을 철 이상의 곡괭이로 캐면 광석 1개당 4–5개의 레드스톤을 얻을 수 있습니다.

빛

대부분의 작물은 충분한 빛이 있는 곳에서만 성장하고, 대부분의 몹은 어두운 곳에서만 생성됩니다. 마인크래프트에는 16개의 밝기 레벨이 있습니다. 가장 밝은 레벨은 15로 맑은 오버월드의 지상입니다. 가장 어두운 레벨은 0으로 아무것도 볼 수 없을 때의 레벨입니다. 횃불 1개의 밝기 레벨은 14지만 광원으로부터 한 블록 멀어질 때마다 밝기 레벨은 1씩 어두워집니다. 따라서 횃불 바로 옆에 있는 블록의 밝기 레벨은 13, 그 옆은 12가 됩니다. 작물이 자라지 않거나 몹이 생성되지 않는 밝기 레벨이 되지 않도록 주의하세요.

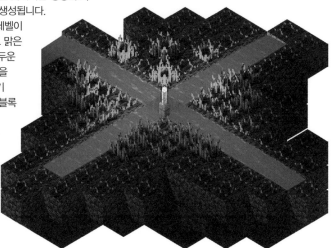

경험치

적대적인 몹을 물리치거나, 광석을 캐거나, 광석을 제련하는 등 특정한 행동을 하면 경험치를 얻을 수 있습니다. 모은 경험치는 마법 부여대와 모루를 통해 도구나 무기, 갑옷에 마법을 부여할 수 있습니다. 대부분의 마법은 농사를 더 빠르고 쉽고 효율적으로 할 수 있게 만들어줍니다.

1

작물 재배

이번 장에서는 키울 수 있는 작물의 종류와 키운 작물을 먹는
방법, 완벽한 농사를 지어 풍작을 거두는 방법,
여러분을 대신해 농사를 지어줄 멋진 농사 기계를 만드는
방법을 알아볼 것입니다.

작물 재배의 원리

직접 먹거리를 키우면 사냥 시간을 절약하고 굶주리는 일을 줄일 수 있습니다.
농사를 시작하기 위해 알아야 할 것과 농장을 만들고 성공적으로 작물을 재배하는
데 필요한 도구와 장소에 대해 살펴봅시다.

1 작물을 기르려면 흙 블록으로 이루어진
평지가 필요합니다. 농장을 만들 때는 물을
쉽게 길어올 수 있도록 가까운 곳에 물이
있는지 확인하세요.

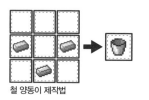

철 양동이 제작법

2 대부분의 작물은 물이 있어야 빠르게
성장합니다. 작물로부터 4블록 이내에 물을
두세요. 주변에 물이 없으면 매우 느리게
자라고 아무것도 심어져 있지 않은 경작지는
빠르게 흙으로 되돌아갈 것입니다. 수로를
만들고 양동이로 물을 놓으세요.

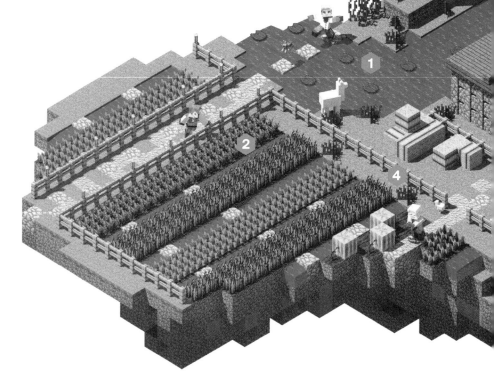

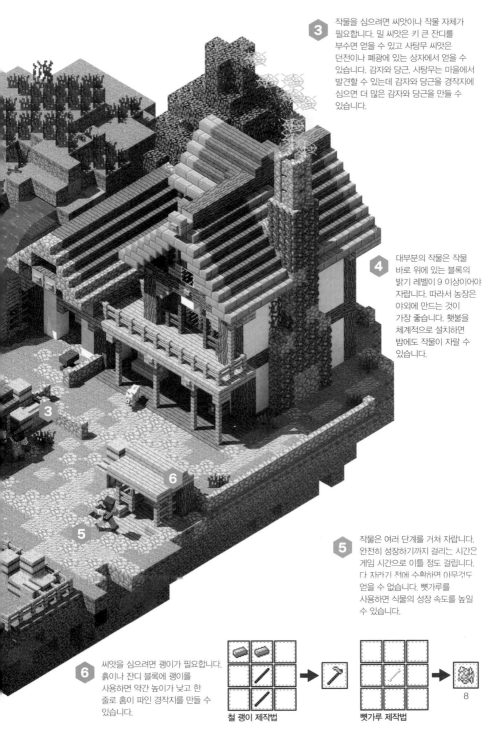

3 작물을 심으려면 씨앗이나 작물 자체가 필요합니다. 밀 씨앗은 키 큰 잔디를 부수면 얻을 수 있고 사탕무 씨앗은 던전이나 폐광에 있는 상자에서 얻을 수 있습니다. 감자와 당근, 사탕무는 마을에서 발견할 수 있는데 감자와 당근을 경작지에 심으면 더 많은 감자와 당근을 만들 수 있습니다.

4 대부분의 작물은 작물 바로 위에 있는 블록의 밝기 레벨이 9 이상이어야 자랍니다. 따라서 농장은 야외에 만드는 것이 가장 좋습니다. 횃불을 체계적으로 설치하면 밤에도 작물이 자랄 수 있습니다.

5 작물은 여러 단계를 거쳐 자랍니다. 완전히 성장하기까지 걸리는 시간은 게임 시간으로 이틀 정도 걸립니다. 다 자라기 전에 수확하면 아무것도 얻을 수 없습니다. 뼛가루를 사용하면 식물의 성장 속도를 높일 수 있습니다.

6 씨앗을 심으려면 괭이가 필요합니다. 흙이나 잔디 블록에 괭이를 사용하면 약간 높이가 낮고 한 줄로 홈이 파인 경작지를 만들 수 있습니다.

철 괭이 제작법

뼛가루 제작법

8

13

밀, 당근, 감자, 사탕무

밀, 당근, 감자, 사탕무는 비슷한 방식으로 성장하기 때문에 같은 농사법으로 재배할 수 있습니다. 각 작물의 특징과 가장 효율적인 방법으로 작물을 재배하는 방법을 알아봅시다.

밀

가장 먼저 키워볼 밀은 맛있는 빵을 만들거나 소, 양, 무시룸을 사육하거나 말을 길들일 때 사용됩니다. 사육에 관한 자세한 정보는 36–40쪽을 참고하세요.

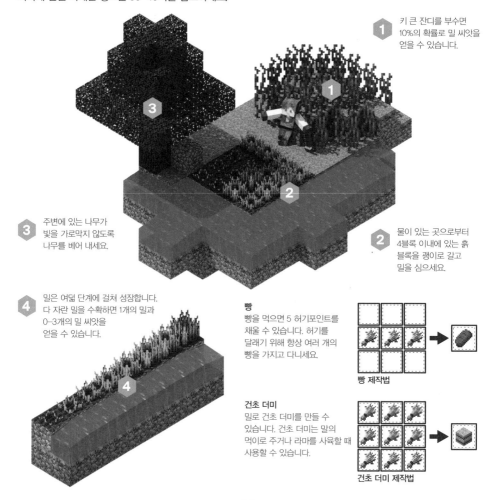

1 키 큰 잔디를 부수면 10%의 확률로 밀 씨앗을 얻을 수 있습니다.

3 주변에 있는 나무가 빛을 가로막지 않도록 나무를 베어 내세요.

2 물이 있는 곳으로부터 4블록 이내에 있는 흙 블록을 괭이로 갈고 밀을 심으세요.

4 밀은 여덟 단계에 걸쳐 성장합니다. 다 자란 밀을 수확하면 1개의 밀과 0–3개의 밀 씨앗을 얻을 수 있습니다.

빵
빵을 먹으면 5 허기포인트를 채울 수 있습니다. 허기를 달래기 위해 항상 여러 개의 빵을 가지고 다니세요.

빵 제작법

건초 더미
밀로 건초 더미를 만들 수 있습니다. 건초 더미는 말의 먹이로 주거나 라마를 사육할 때 사용할 수 있습니다.

건초 더미 제작법

당근

당근은 토끼나 돼지를 사육할 때 사용할 수도 있고 직접 음식으로 먹을 수도 있습니다. 당근은 재배하기
간편하지만, 구하기는 까다롭습니다.

1 마을 농장이나 상자에서 당근을 얻을 수
있습니다. 좀비를 죽이면 매우 낮은 확률로
얻을 수 있습니다.

2 빠르게 성장할 수 있도록 물이 있는
곳으로부터 4블록 이내에 당근을 심으세요.

3 배고픈 토끼들이 작물을 먹지 못하도록
농장 주변에 울타리를 설치하세요.

4 당근이 땅 밖으로 튀어나와 있을 때
수확하면 1~4개의 당근을 얻을 수 있습니다.

나무 울타리 제작법

황금 당근
신비로운 황금 당근은 말과 당나귀를 길들이거나
사육할 때 사용할 수 있습니다. 또한 황금 당근는
마인크래프트에서 가장 큰 포만감을 주는
음식입니다.

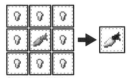

황금 당근 제작법

당근 낚싯대
안장을 얹은 돼지를 조종하려면 당근 낚싯대를
만드세요!

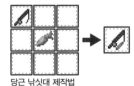

당근 낚싯대 제작법

감자

뿌리 채소인 감자는 영양가 높은 요리를 만들기 위해 다른 아이템과 함께 만들지 않아도 되는 아주 단순한 식품입니다.

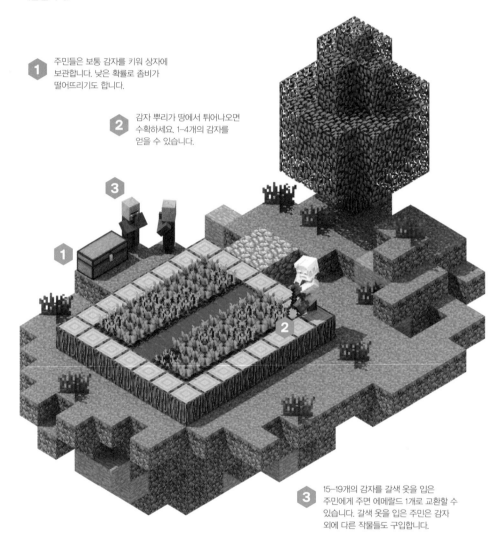

1 주민들은 보통 감자를 키워 상자에 보관합니다. 낮은 확률로 좀비가 떨어뜨리기도 합니다.

2 감자 뿌리가 땅에서 튀어나오면 수확하세요. 1~4개의 감자를 얻을 수 있습니다.

3 15~19개의 감자를 갈색 옷을 입은 주민에게 주면 에메랄드 1개로 교환할 수 있습니다. 갈색 옷을 입은 주민은 감자 외에 다른 작물들도 구입합니다.

구운 감자
화로에서 감자를 구우면 5 허기포인트를 채워주는 음식을 만들 수 있습니다.

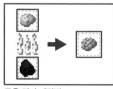

구운 감자 제작법

> **TIP**

조심하세요! 감자를 수확하다 보면 매우 낮은 확률로 독이 있는 감자를 얻을 수 있습니다. 독이 있는 감자는 초록색 빛을 띱니다. 이 감자를 먹으면 독 효과에 걸릴 수 있습니다.

사탕무

사탕무는 쓰임새가 다양합니다. 돼지를 사육하거나 수프를 만들거나 빨간색 염료를 만들 때 사용할 수 있습니다.

1 사탕무는 마을의 농장이나 상자에서 발견할 수 있습니다.

2 작물이 밤에도 자랄 수 있도록 주변에 횃불을 설치하세요.

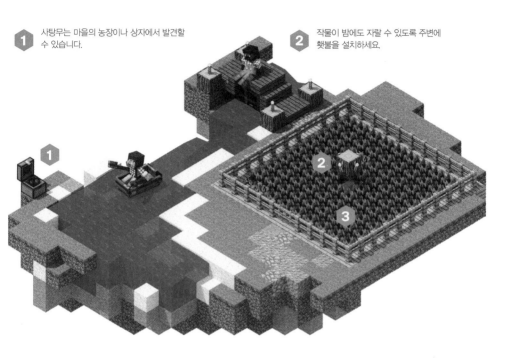

3 사탕무 씨앗을 심어 재배하세요. 사탕무 씨앗은 작물 수확이나 마을 밖에 있는 상자를 통해서도 얻을 수 있습니다.

4 다 자란 사탕무를 수확하면 1개의 사탕무와 0–3개의 사탕무 씨앗을 얻을 수 있습니다.

뼛가루

뼛가루는 거의 모든 작물의 성장 속도를 높일 수 있는 아이템입니다. 거대한 농장에서 사용하기에는 경제적이지 않은 아이템이지만, 농장을 처음 만드는 단계에서는 씨앗을 모아 규모를 키우는 데 큰 도움을 주는 아이템입니다. 뼈는 스켈레톤을 죽이거나 상자를 통해 얻을 수 있습니다. 뼈를 양식하는 방법에 대해서는 50–51쪽을 참고하세요.

사탕무 수프

그릇과 사탕무를 조합하면 6 허기포인트를 채워주는 사탕무 수프를 제작할 수 있습니다.

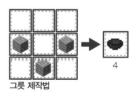

그릇 제작법

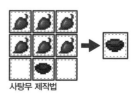

사탕무 제작법

성장 역학

밀, 당근, 감자, 사탕무를 효율적으로 재배하려면 작물이 어떻게 자라는지 알아야 합니다. 이는 마인크래프트가 어떻게 작동하는 것인지 원리를 배워야 한다는 것을 의미합니다.

알고 있나요?

마인크래프트의 모든 것은 1초마다 20씩 흐르는 틱(Tick)을 단위로 시간이 정해집니다. 게임 속 하루는 24,000틱으로 현실 세계에서의 20분에 해당합니다.

1 틱이 흐를 때마다 게임 내에서는 다양한 일들이 일어납니다. 피스톤이 움직이거나, 허기가 닳거나, 작물이 자랍니다. 게임은 주변에 있는 모든 청크에서 3개의 블록을 무작위로 선택해서 어떤 일이 일어날 수 있는지 확인합니다. 여기서 청크는 16×16 블록 넓이, 256블록 높이로 이루어진 구역을 말합니다.

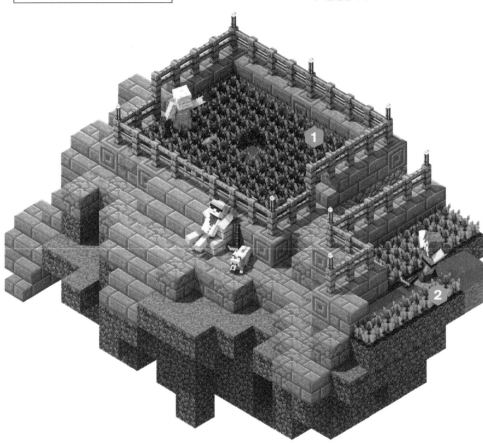

2 예를 들어 당근이 선택된 상태에서 당근 바로 위의 밝기 레벨이 9 이상이면 당근이 다음 단계로 성장할 확률이 생깁니다. 당근이 심어져 있는 곳으로부터 4블록 이내에 물이 있고, 그 주변에 수분이 있는 경작지가 있다면 성장할 확률은 더 높아집니다. 하지만 8블록 주변에 같은 작물이 일렬로 자라고 있지 않다면 다음 단계로 성장할 확률은 반으로 줄어듭니다.

농사 시작하기

이 규칙을 활용하면 효율적인 농장을 만들 수 있습니다. 아래와 같이 농장을 만들면 작물을 빠르게 키울 수 있고, 게임 초반에 새로운 작물의 씨앗을 쉽게 비축할 수 있습니다.

여러 줄에 걸쳐 작물을 심으세요.

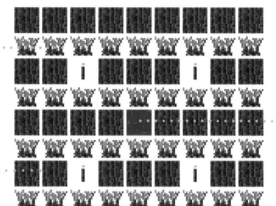

괭이를 사용해 작물 주변에 있는 흙 블록을 경작지로 만드세요.

작물 주변에 있는 모든 블록에 수분을 공급하세요.

게임 후반을 위한 농장

많은 씨앗을 가지고 있고 키울 작물을 선택할 수 있게 되었다면 빈 공간을 채워 공간을 효율적으로 사용하세요. 이렇게 농장을 만들면 성장 속도는 느리지만 장기적으로 농장에서 더 많은 생산물을 수확할 수 있습니다.

경작지를 침범하지 않도록 공중에 블록을 설치하고 각 면에 햇불을 설치하세요.

작물을 번갈아 심으세요.

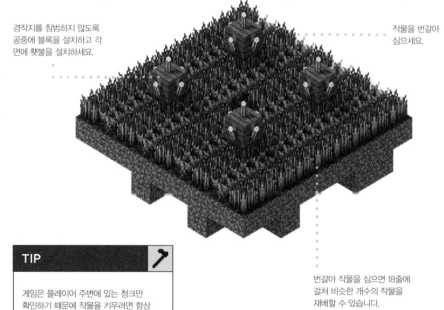

TIP

게임은 플레이어 주변에 있는 청크만 확인하기 때문에 작물을 키우려면 항상 농장 근처에 있어야 합니다!

번갈아 작물을 심으면 18줄에 걸쳐 비슷한 개수의 작물을 재배할 수 있습니다.

효율적인 농장의 설계도

반자동 밀, 당근, 감자, 사탕무 농장을 만들면 사용할 수 있는 공간을 최대로 활용하면서 수확을 빠르게 끝낼 수 있습니다. 농지가 더 필요하다면 원하는 만큼 층을 더 높일 수 있습니다.

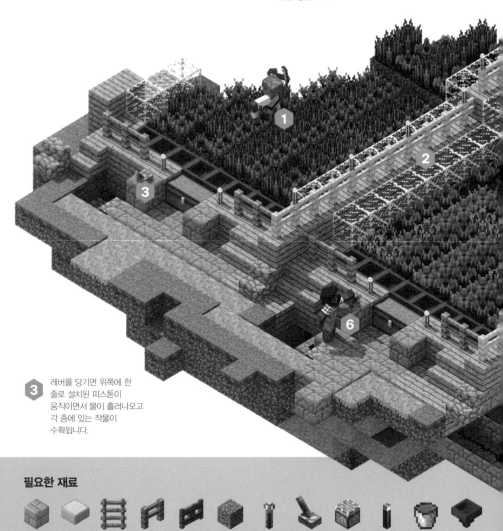

1 빠르게 성장할 수 있도록 작물을 번갈아 심으세요. 그 이유는 이전 페이지를 참고하세요.

2 농장의 양끝에 있는 유리 아래에 물을 놓아 경작지에 수분을 공급하세요.

3 레버를 당기면 위쪽에 한 줄로 설치된 피스톤이 움직이면서 물이 흘러나오고 각 층에 있는 작물이 수확됩니다.

필요한 재료

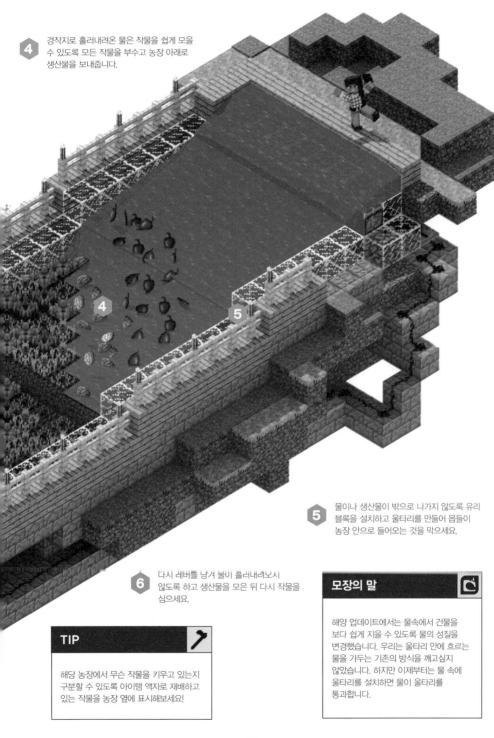

4 경작지로 흘러내려온 물은 작물을 쉽게 모을 수 있도록 모든 작물을 부수고 농장 아래로 생산물을 보내줍니다.

5 물이나 생산물이 밖으로 나가지 않도록 유리 블록을 설치하고 울타리를 만들어 몹들이 농장 안으로 들어오는 것을 막으세요.

6 다시 레버를 냉겨 붙이 흘러내려오시 않도록 하고 생산물을 모은 뒤 다시 작물을 심으세요.

TIP

해당 농장에서 무슨 작물을 키우고 있는지 구분할 수 있도록 아이템 액자로 재배하고 있는 작물을 농장 옆에 표시해보세요!

모장의 말

해양 업데이트에서는 물속에서 건물을 보다 쉽게 지을 수 있도록 물의 성질을 변경했습니다. 우리는 울타리 안에 흐르는 물을 가두는 기존의 방식을 깨고싶지 않았습니다. 하지만 이제부터는 물 속에 울타리를 설치하면 물이 울타리를 통과합니다.

완전 자동화 농장

밀, 당근, 감자, 사탕무는 수확을 한 다음 다시 씨앗을 심어야 하기 때문에 완전 자동화 농장을 만드는 것은
어렵습니다. 자동화 농장을 만드는 유일한 방법은 작물을 심고 수확하는 농부 주민을 두는 것입니다.
그러나 이 방법으로 농장을 만들려면 많은 준비가 필요합니다.

수확 장치 만들기

주민은 주머니가 가득 차면 수확한 생산물을 농장
위에 그대로 둡니다. 농장 아래에 깔때기가 실린
마인카트가 돌아다니게 만들어 주민이 수확한 작물을
모아 상자로 보내게 만들어 봅시다.

1 지상에 만들 농장과 동일한 모양과 크기로
레일을 설치하세요.

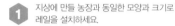

2 파워 레일을 설치해 마인카트가 계속
움직이게 만드세요. 선로를 따라 10
블록마다 파워 레일을 설치하고,
설치한 블록 아래에
레버를 두어 전원을
공급하세요.

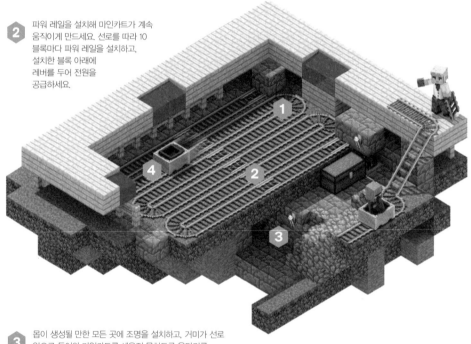

3 몹이 생성될 만한 모든 곳에 조명을 설치하고, 거미가 선로
안으로 들어와 마인카트를 세우지 못하도록 울타리를
치세요.

4 깔때기가 실린 마인카트를 제작해 레일 위에 놓으세요.
선로를 따라 이리저리 움직이면서 20초마다 한 번씩 농장
위에 떨어진 아이템을 모아 선로 끝에 있는 상자로 보낼
것입니다.

필요한 재료

주민 고용

특정한 직업을 가진 주민을 찾아 농장으로 데려오는 일은 쉽지 않습니다.

갈색 옷을 입은 농부 주민은 스스로 작물을 심고 작물이 다 자라면
수확합니다. 주민이 마을의 집으로 돌아가지 못하게 하려면 마을의 끝과
농장 사이의 거리가 최소 32블록이어야 합니다. 마을에서 농장으로
주민을 데려오려면 마인카트에 주민을 밀어 넣고 농장까지 이어진 선로를
통해 직접 데려와야 합니다.

주민이 작물을 심으려면 씨앗을 가지고 있어야 합니다. 수확한 생산물을
줍지 못하게 하려면 8칸의 보관함을 채워줘야 합니다. 밀이나 당근, 감자,
사탕무 씨앗 8세트를 모아 주민에게 떨어뜨리면 주민이 씨앗만 주워서
다시 심고 생산물은 줍지 않습니다.

농사 준비하기

마법 같은 일이 일어나고 있습니다!
주민을 농장으로 데려와 일하는
모습을 지켜보기만 하세요. 주민에게
더 많은 씨앗을 주기 위해 농장으로
돌아와야 한다는 것을 잊지 마세요.

1 마인카트가 움직이는 선로 바로 위에 농장을
만드세요.

2 흙을 괭이로 갈아 경작지를
만들면 주민이 작물을 심기
시작할 것입니다.

3 주민이 탈출하거나 몹이 농장 안으로
들어오지 못하도록 사방을 울타리로
막으세요.

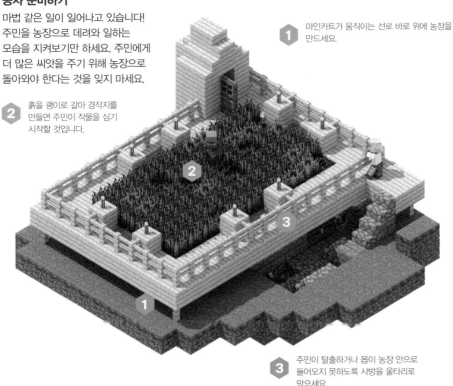

필요한 재료

수박과 호박

덩굴과 함께 과실이 맺히는 수박과 호박은 매우 비슷한 방식으로 자랍니다. 두 작물 모두 맛있게 먹을 수 있지만, 호박은 눈 골렘을 만들거나 헬멧 대신 머리에 착용하는 데 사용할 수도 있습니다.

1 수박 또는 호박 씨앗을 경작지에 심으세요. 씨앗은 다 자란 줄기를 부수면 얻을 수 있습니다. 호박은 오버월드를 돌아다니다 보면 잔디 위에서 발견할 수 있고, 수박은 정글에서 발견할 수 있습니다.

2 줄기가 빠르게 자라려면 4블록 이내에 물이 있어야 하고 주변이 밝아야 합니다.

5 수박과 호박을 수확하면 씨앗을 다시 심지 않아도 같은 자리에 과실이 다시 열립니다.

4 수박을 수확하면 3-7개의 수박 조각을 얻을 수 있습니다. 수박 조각 1개당 5 허기포인트를 채워줍니다.

3 열매가 맺힐 수 있도록 줄기 옆에 최소 1개의 흙 블록을 남겨두세요. 줄기 주변에 흙 블록이 많을수록 수박 또는 호박이 빠르게 성장합니다.

골렘 만들기
호박으로 여러분을 지켜주는 골렘을 만들어보세요.

철 골렘
소환하는 법

눈 골렘
소환하는 법

효율적인 농사법

이렇게 농사를 지으면 줄기가 있는 블록에는 수분이 공급되면서 흙 블록에 수박이나 호박이 열릴 확률이 높아집니다.

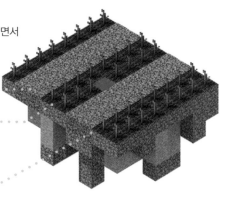

농장 전체에 빛이
비춰지고 있는지
확인하세요.

이 배치를 반복하여 거대한 농장을 만들
수 있습니다. 그러나 반드시 줄기와 흙
블록이 2줄씩 반복되어야 합니다.

도끼로 작물을 수확할 수
있습니다. 줄기는 부수지
않아도 됩니다.

자동화된 수박, 호박 농장

성장 속도가 빠르지는 않지만 작은 공간에서 수박이나
호박을 자동으로 수확할 수 있습니다.

수박 또는 호박 블록이 자라면 레드스톤 회로가
작동하면서 피스톤이 수박이나 호박을 밀어냅니다.

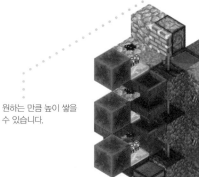

원하는 만큼 높이 쌓을
수 있습니다.

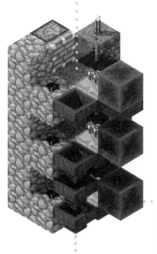

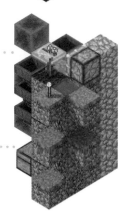

호박이나 수박
옆에 물을 반드시
놓아야 합니다.

햇불을 설치하면
밤에도 빠르게
성장합니다.

피스톤이 수박 또는 호박 블록을
수확하고 각 층에 있는 3개의
깔때기가 수확된 작물을 모읍니다.

깔때기를 위 그림과 같이
ㄹ 모양으로 배치해 아래에
있는 상자와 연결하세요.

필요한 재료

사탕수수

사탕수수로 책과 지도를 만드는 데 필요한 종이를 만들 수 있습니다. 설탕으로 만들어 호박파이 같이 맛있는 요리를 만들거나, 물약을 양조하거나, 말에게 먹여 치유할 수도 있습니다.

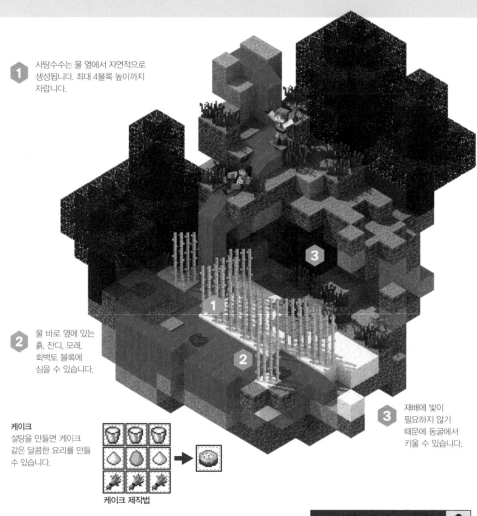

1 사탕수수는 물 옆에서 자연적으로 생성됩니다. 최대 4블록 높이까지 자랍니다.

2 물 바로 옆에 있는 흙, 잔디, 모래, 회백토 블록에 심을 수 있습니다.

3 재배에 빛이 필요하지 않기 때문에 동굴에서 키울 수 있습니다.

케이크
설탕을 만들면 케이크 같은 달콤한 요리를 만들 수 있습니다.

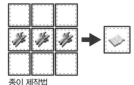

케이크 제작법

종이
사탕수수 3개로 종이를 만들 수 있습니다. 종이는 지도나 책 폭죽을 만드는 데 필요합니다.

종이 제작법

TIP

사탕수수는 맨 아래에 설치된 뿌리에서부터 자라기 때문에 두 번째 블록을 부수면 사탕수수를 다시 심지 않아도 됩니다.

자동화 사탕수수 농장

관측기 블록을 사용해 자동으로 사탕수수를 수확하여
상자로 보내는 간단한 기계를 만들어 봅시다.

2 사탕수수가 3블록까지 자라는 것을 감지할 수
있도록 맨 왼쪽에 관측기 블록을 설치하세요.

1 사탕수수가 자랄 수 있도록 사탕수수를
설치할 블록을 따라 흐르는 물을 놓으세요.

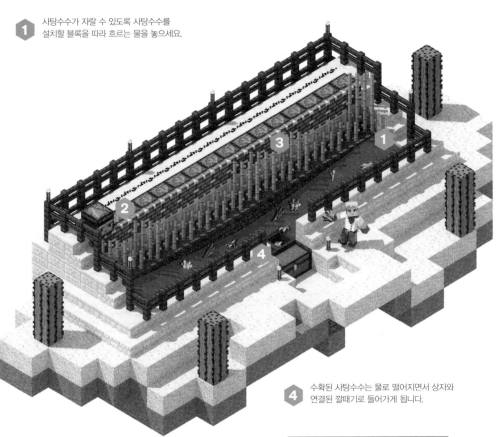

4 수확된 사탕수수는 물로 떨어지면서 상자와
연결된 깔때기로 들어가게 됩니다.

3 사탕수수가 계속 자라도록 첫 번째 줄은
그대로 두고, 두 번째 줄 전체에 피스톤을
설치하여 다 자란 사탕수수는 수확되게
만드세요.

모장의 말

인게 사탕수수는 값비쌌습니다. 책을
만드는 데 필요한 종이만 제작할 수
있었습니다. 그러나 우리는 사탕수수로
이름을 바꿔 (맛있는) 쓰임새를 늘렸습니다!

필요한 재료

버섯

모든 작물이 재배에 빛이 필요한 것은 아닙니다. 버섯을 포함한 일부 작물은 어두운 곳에서 키워야 합니다. 버섯은 영양이 풍부한 수프와 스튜를 만들거나 유용한 물약을 만드는 데 필요한 핵심 재료입니다.

1 빨간색 버섯이나 갈색 버섯은 나무 밑이나 동굴 같이 어두운 곳에서 발견할 수 있습니다.

2 작은 버섯은 밝기 레벨이 12 미만인 실내의 흙 블록에서 재배할 수 있습니다. 회백토나 균사체에 심으면 밝은 야외에서도 재배할 수 있습니다.

3 9×9 크기의 공간에서 버섯의 개수가 5개 미만이면 버섯이 확산됩니다.

4 거대 버섯 숲이나 늪, 버섯섬에서 자연적으로 생성됩니다. 거대 버섯을 부수면 0-2개의 작은 버섯을 얻을 수 있습니다.

5 작은 버섯에 뼛가루를 사용하면 거대 버섯을 만들 수 있습니다. 거대 버섯을 만들려면 주변에 충분한 공간이 필요합니다.

발효된 거미 눈
발효된 거미 눈을 제작하려면 버섯이 필요합니다. 발효된 거미 눈은 고통의 물약과 감속의 물약, 나약함의 물약, 투명화 물약의 기초 재료로 사용됩니다. 버섯, 설탕, 거미 눈으로 제작할 수 있습니다.

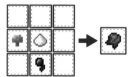

발효된 거미 눈 제작법

버섯 스튜
만들기 간편하면서도 영양가가 아주 높은 요리입니다. 갈색 버섯과 빨간색 버섯, 그릇으로 제작할 수 있습니다.

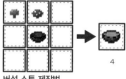

4

버섯 스튜 제작법

버섯 농장

버섯 농장에서는 몹이 생성될 수 있기 때문에 재배가 까다롭습니다. 하지만 버섯이 자랄 수 있는 선에서 밝기를 밝게 유지하면 몹이 생성되는 것을 막을 수 있습니다.

1 1층의 밝기 레벨을 12 이하로 유지하면 버섯을 재배할 수 있습니다.

2 버섯은 정해진 패턴 없이 성장하기 때문에 효율적인 농장을 만드는 것이 어렵습니다.

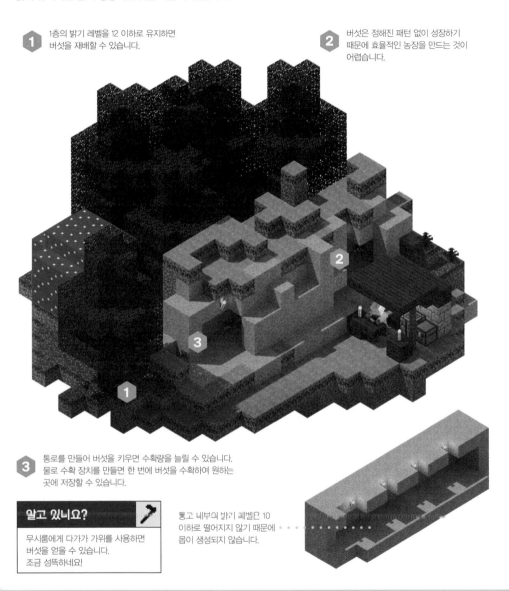

3 통로를 만들어 버섯을 키우면 수확량을 늘릴 수 있습니다. 물로 수확 장치를 만들면 한 번에 버섯을 수확하여 원하는 곳에 저장할 수 있습니다.

알고 있어요?

무시룸에게 다가가 가위를 사용하면 버섯을 얻을 수 있습니다. 조금 섬뜩하네요!

통로 내부의 밝기 레벨은 10 이하로 떨어지지 않기 때문에 몹이 생성되지 않습니다.

필요한 재료

코코아

코코아 열매는 정글 깊은 곳에 있는 정글 나무의 몸통에서 얻을 수 있습니다. 열매를 부수면 코코아 콩을 얻을 수 있습니다. 코코아 콩은 초콜릿을 만들거나 폭죽에서부터 콘크리트에 이르기까지 다양한 갈색 아이템과 블록을 만드는 데 사용할 수 있습니다.

1 정글 나무에서 자라고 있는 코코아를 찾으세요. 그리고 열매를 부숴 코코아 콩을 얻으세요.

2 정글 나무에 코코아 콩을 심으세요. 처음에는 작고 푸른색을 띠다가 다 자라면 크고 갈색을 띱니다. 코코아 콩은 빛이 없어도 자랍니다.

3 정글 나무로 탑을 만들 때는 코코아 열매가 자랄 수 있도록 각 면에 공간을 남겨두세요.

4 익지 않은 코코아를 수확하면 코코아 콩 1개를, 다 익은 코코아를 수확하면 2–3개의 코코아 콩을 얻을 수 있습니다.

쿠키

쿠키를 먹으면 2 허기포인트가 채워집니다. 앵무새에게 먹이지는 마세요! 앵무새가 쿠키를 먹으면 죽습니다. 쿠키는 밀과 코코아 콩으로 제작할 수 있습니다.

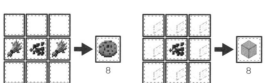

코코아 콩 제작법

갈색 염색된 유리 제작법

> **TIP** 🔧
>
> 코코아 콩을 유리나 양털 같이 염색할 수 있는 아이템과 함께 조합하면 갈색으로 색을 바꿀 수 있습니다.

효율적인 농사법

코코아 콩은 정글 나무에서만 재배할 수 있습니다. 효율적으로 코코아 콩을 대량 재배하는 방법은 매우 간단합니다.

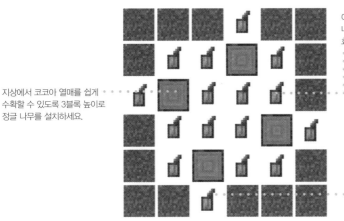

이와 같은 패턴으로 재배하면 정글 나무와 코코아 사이의 공간을 매우 효율적으로 사용할 수 있습니다.

지상에서 코코아 열매를 쉽게 수확할 수 있도록 3블록 높이로 정글 나무를 설치하세요.

쉽고 빠르게 만들 수 있지만 작물 수확은 오래 걸립니다.

물을 활용한 코코아 농사 기계

이 농사 기계를 사용하면 위에 저장된 물로 다 자란 코코아 콩을 손쉽게 수확할 수 있습니다.

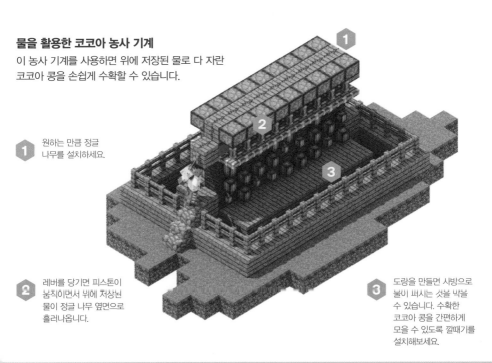

1 원하는 만큼 정글 나무를 설치하세요.

2 레버를 당기면 피스톤이 움직이면서 위에 저장된 물이 정글 나무 옆면으로 흘러나옵니다.

3 도랑을 만들면 사방으로 물이 퍼지는 것을 막을 수 있습니다. 수확한 코코아 콩을 간편하게 모을 수 있도록 깔때기를 설치해보세요.

필요한 재료

2

동물 사육

이제 수동적인 몹을 사육하는 방법을 알아봅시다.
수동적인 몹은 유용한 아이템과 음식, 경험치가 담긴 보물창고와
같습니다. 번식하는 방법과 가축을 기르는 방법, 축산물을
모으는 방법에 대해 살펴봅시다.

동물 사육의
원리

대부분의 수동적인 몹은 음식이나 유용한 아이템을 줍니다. 대량으로 몹을 사육하면 많은
아이템을 생산할 수 있습니다. 사육에는 충분한 시간과 지식이 필요합니다. 번식을 하려면
각 몹이 좋아하는 먹이가 필요하므로 작물을 먼저 재배하는 것이 좋습니다.

울타리

키우는 가축이 야생동물로부터 공격받지 않도록
보호해야 합니다. 특히 오실롯 같은 포식자는 닭과
같은 가축을 공격하기도 합니다. 울타리는 몹이
점프로 넘어갈 수 없어 목장을 만드는 데 사용하면
좋습니다. 울타리를 통해 어떤 동물이 안에 있는지
밖에서 볼 수 있고, 울타리 문을 만들면 쉽게
들어갈 수 있습니다.

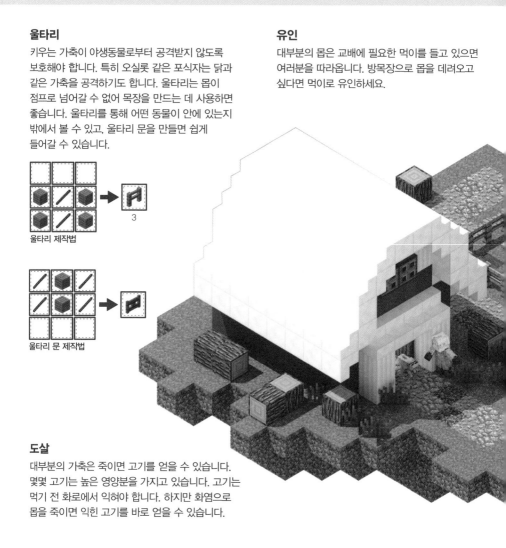

울타리 제작법

울타리 문 제작법

유인

대부분의 몹은 교배에 필요한 먹이를 들고 있으면
여러분을 따라옵니다. 방목장으로 몹을 데려오고
싶다면 먹이로 유인하세요.

도살

대부분의 가축은 죽이면 고기를 얻을 수 있습니다.
몇몇 고기는 높은 영양분을 가지고 있습니다. 고기는
먹기 전 화로에서 익혀야 합니다. 하지만 화염으로
몹을 죽이면 익힌 고기를 바로 얻을 수 있습니다.

공간

울타리 안에 너무 많은 몹이 들어가 있으면 그 사이로 몹이 튀어나올 수 있습니다. 고체 블록으로 가둔 곳에도 너무 많은 몹이 있으면 질식으로 죽을 수 있습니다.

번식

대부분의 어른 몹 2마리에게 특정한 음식 아이템을 먹이면 1-7 의 경험치와 함께 새끼 몹을 낳습니다. 새끼 몹이 어른 몹으로 자라려면 약 20분이 걸리지만 교배에 사용한 먹이를 먹이면 성장에 걸리는 시간을 10% 가량 줄일 수 있습니다. 새끼 몹을 낳은 어른 몹을 다시 교배하려면 보통 5분 정도 기다려야 합니다.

수동적인 몹

수동적인 몹은 보통 오버월드의 잔디가 많은 곳에서 발견할 수 있습니다. 각 몹이 어떤 행동을 하고 무슨 아이템을 떨어뜨리는지 그리고 아이템을 모으는 가장 좋은 방법은 무엇인지 살펴봅시다.

닭

잔디가 많은 곳에서 생성됩니다. 어른 닭은 5–10분마다 호박 파이와 케이크를 제작하는 데 필요한 달걀 1개를 낳습니다. 익힌 닭고기는 6 허기포인트를 채워줍니다. 닭의 천적은 오실롯입니다.

번식

닭 2마리에게 씨앗이나 수박 씨앗, 호박 씨앗, 사탕무 씨앗을 먹이거나 달걀을 던지면 빠르게 개체 수를 늘릴 수 있습니다. 달걀 1개를 던지면 1/8 확률로 병아리 1마리가 태어나고 1/32 확률로 달걀 1개에서 병아리 4마리가 태어납니다. 병아리에게 씨앗을 먹이면 빠르게 성장시킬 수 있습니다.

살아있는 동안 얻는 것

∞

달걀 공장

이 장치는 여러 마리의 닭에게서 달걀을 모으는 것을 간단하게 만들어줍니다. 물을 사용해 달걀을 한 곳으로 모을 수 있습니다.

죽으면 떨구는 것

0-2	1 또는 1		1-3

물 양동이로 구조물 상단에 물을 놓으세요.

많은 수의 달걀을 울타리 안에 던지세요. 1/8 확률로 병아리가 부화합니다.

탈출하지 못하도록 닭이 생활하는 공간을 울타리로 둘러싸세요. 많은 닭을 사육하려면 공간을 더 크게 만드세요. 물이 흐를 수 있도록 아래에 빈 틈을 만드세요.

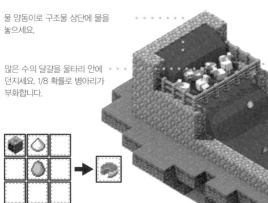

밑에 흐르는 물에서 달걀을 모으세요.

호박 파이 제작법

필요한 재료

소

소는 잔디가 많은 곳에서 4–8마리씩 무리를 지어 생성됩니다. 소를 죽이면 갑옷과 책의 핵심 재료인 가죽을 얻을 수 있습니다. 그리고 양동이로 우유를 짤 수 있습니다.

번식

소를 교배하려면 어른 소 2마리에게 밀을 먹이세요.

살아있는 동안 얻는 것

∞

죽으면 떨구는 것

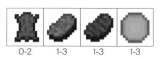

| 0-2 | 1-3 | 1-3 | 1-3 |

TIP 〉

집 주변에 1×2 크기로 울타리를 치고 소를 가둬 두면 우유를 쉽게 얻을 수 있습니다!

무시룸

버섯섬 생물 군계에서만 발견할 수 있는 무시룸은 소와 비슷한 습성을 가지고 있지만 그릇으로 버섯 스튜를 얻을 수 있습니다. 가위를 사용하면 5개의 버섯을 떨구고 소로 변합니다.

번식

무시룸은 소가 아닌 같은 무시룸끼리만 교배할 수 있습니다. 무시룸 2마리에게 밀을 먹이세요.

살아있는 동안 얻는 것

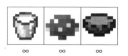

∞ ∞ ∞

죽으면 떨구는 것

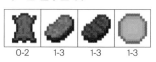

| 0-2 | 1-3 | 1-3 | 1-3 |

37

돼지

돼지는 잔디가 많은 곳에서 4마리씩 무리를 지어 다닙니다. 돼지는 영양가가 높은 음식을 줍니다. 돼지고기를 먹으면 8 허기포인트를 채울 수 있습니다.

번식

돼지 2마리에게 당근, 감자, 사탕무를 먹이면 새끼 돼지 1마리를 만들 수 있습니다.

죽으면 떨구는 것

1-3 또는 1-3		1-3

토끼

토끼는 초원이나 사막, 얼음 평원에서 생성됩니다. 토끼 1마리와 새끼 토끼 2마리씩 무리를 지어 다닙니다. 토끼고기는 5 허기포인트를 채워줍니다. 토끼 가죽으로 일반 가죽을 만들 수 있습니다. 그리고 1/10 확률로 토끼 발을 얻을 수 있습니다. 토끼 발과 어색한 물약을 양조하면 도약의 물약을 만들 수 있습니다.

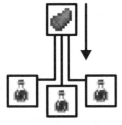

도약의 물약 양조법

죽으면 떨구는 것

0-1	0-1 또는 0-1		0-1	1-3

번식

어른 토끼에게 당근이나 민들레를 먹여 교배할 수 있습니다. 새끼 토끼의 털 색깔은 부모 토끼의 털 색 중 하나로 정해지지만 5%의 확률로 여러분이 서 있는 생물 군계의 색깔로 정해지기도 합니다. 특정한 털을 가진 토끼가 태어날 확률을 높이려면 부모 토끼가 모두 같은 털을 가지고 있어야 합니다.

> ## 알고 있나요? >
> 이름표를 사용해 토끼의 이름을 'Toast'로 바꾸면 털의 색깔이 검은색과 하얀색으로 바뀝니다. 이 색깔은 한 마인크래프트 유저가 잃어버린 애완 토끼의 털 색깔입니다.

양

양은 잔디 위에서 생성됩니다. 양고기를 먹으면 6
허기포인트가 채워집니다. 하지만 양을 죽이면 양고기보다
더욱 유용한 양털도 떨어뜨립니다. 대부분의 양은 하얀색
털을 가지고 있지만 5%의 확률로 회색이나 회백색,
검은색 털을 가진 양이 태어납니다. 1/600의 확률로
분홍색 털을 가진 양이 생성되기도 합니다. 염료로 양을
염색할 수 있습니다. 가위로 양털을 자르면 1-3개의
양털을 얻을 수 있습니다. 양이 키 큰 잔디나 잔디 블록을
먹으면 양털이 다시 자랍니다.

번식

양 2마리에게 밀을 먹이세요. 새끼 양의 털 색은 부모 양의
털 색에 따라 달라집니다. 예를 들어 빨간색 양과 노란색
양을 교배하면 두 색이 섞인 주황색 새끼 양이 태어날
수도 있고, 부모 양의 털 색 중 하나의 색을 가진 새끼
양이 태어날 수도 있습니다.

죽으면 떨구는 것

| 1 | 1-2 | 또는 | 1-2 | 1-3 |

 살아있는 동안 얻는 것

∞

TIP

양의 천적은 야생 늑대입니다.
늑대에 공격당하지 않도록 울타리로
보호하세요.

제모장

이 장치는 양털을 보다 쉽게 깎고 상자에 모을
수 있게 만들어줍니다.

1 양이 잔디를 먹고 다시 양털이
자라도록 바닥을 잔디로
만드세요.

3 이 위에 서서 양털을
깎으세요.

2 레버를 당기면
안에 있는 물이
흘러나오면서 양을 앞쪽으로
데려와 줍니다.

4 깔때기가 양털을 모아
연결된 상자로 보냅니다.

필요한 재료

길들일 수 있는 몹

길들일 수 있는 몹은 수동적인 몹보다 다루기가 복잡합니다. 길들일 수 있는 몹을 교배하거나 다른 목적으로 이용하려면 먼저 길들여야 합니다. 길들일 수 있는 몹을 어디서 찾을 수 있고, 길들이는 방법은 무엇인지 살펴봅시다.

말

말과 당나귀는 사바나와 평원에서 돌아다닙니다. 강제로 내려지지 않을 때까지 타려고 시도하면 길들여집니다. 말과 당나귀는 농부에게 다양한 도움을 줍니다. 안장을 입히면 마음대로 조종할 수 있고, 당나귀와 노새는 몸집이 작지만 상자를 입힐 수 있어 물건들을 운반하는 데 쓸 수 있습니다. 노새는 야생에서 찾을 수 없고 교배를 통해서만 만들 수 있습니다.

번식

길들인 말은 황금 사과와 당근으로 교배할 수 있습니다. 망아지의 종은 부모의 종에 따라 달라집니다. 예를 들어 말과 당나귀를 교배하면 노새가 태어납니다. 망아지도 길들일 수 있습니다. 설탕, 밀, 사과, 황금 당근, 건초 더미, 황금 사과순으로 성장 속도를 높일 수 있습니다.

죽으면 떨구는 것

0-2   1-3

- -

고양이

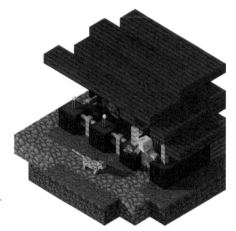

정글에서 발견할 수 있는 오실롯을 길들이면 고양이가 됩니다. 고양이는 크리퍼가 가까이 다가오지 못하게 하는 특징을 가지고 있어 농장이 폭발하는 일을 막을 수 있습니다. 고양이를 길들이는 것은 까다롭습니다. 오실롯 근처에서 날 연어나 생선을 들고 가까이 다가올 때까지 기다리세요. 갑자기 움직이면 깜짝 놀라 도망칠 것입니다. 길들인 고양이는 주인을 따라오지만 자리에 가만히 앉게 할 수도 있습니다.

번식

고양이 2마리에게 날 연어나 생선을 먹이면 새끼 고양이가 태어납니다. 부모 고양이의 털 색깔에 따라 새끼 고양이의 털 색깔이 정해집니다.

죽으면 떨구는 것

1-3

라마

라마는 사바나에서 생활합니다. 라마를 길들이면 탈 수 있지만
조종할 수는 없습니다. 라마에게 상자를 입혀 좋은 운반책으로 쓸
수 있습니다. 라마의 힘에 따라 3에서부터 6, 9, 12, 최대 15칸까지
아이템을 보관할 수 있습니다. 라마 1마리를 끈으로 끌면 캐러밴이
만들어져 주변에 있는 라마도 같이 따라옵니다.

TIP >

힘이 가장 센 라마에게 특별한 양탄자를
입혀보세요. 아이템을 많이 운반할 수 있는
라마를 쉽게 구분할 수 있습니다.

끈 제작법

끈은 슬라임볼과 실로 제작할 수
있습니다.

죽으면 떨구는 것

0-2   1-3

번식

어른 라마 2마리에게 건초 더미를 먹이세요. 새끼 라마의 힘은 부모
라마의 영향을 많이 받습니다. 많은 아이템을 운반할 수 있는 라마를
가지고 싶다면 힘이 센 라마끼리만 교배하세요. 건초 더미는 밀로
제작할 수 있습니다.

늑대

야생 늑대는 타이가 생물 군계에서 4마리씩 무리를 지어
다닙니다. 길들이기 전에는 중립적이지만, 길들이고 나면
충실하게 플레이어를 따릅니다. 길들인 늑대는 스켈레톤을
비롯해 플레이어를 공격하는 몹을 공격합니다. 목줄이
생기고 눈모양이 귀엽게 바뀔 때까지 늑대에게 뼈를
먹이면 길들일 수 있습니다.

번식

길들인 늑대 2마리에게 익히지 않은 소고기 같은
육류를 먹이면 새끼 늑대가 태어납니다.

알고 있나요? >

늑대의 체력은 꼬리의 높낮이를 보면
알 수 있습니다. 고기를 먹여 늑대의
체력을 회복시킬 수 있습니다.

죽으면 떨구는 것

1-3

3

적대적인 몹 사육

대부분의 적대적인 몹은 모험에 매우 유용한 아이템을 떨어뜨릴 뿐만 아니라 경험치도 떨어뜨립니다. 하지만 이런 몹을 사냥하는 것은 어렵고 위험합니다. 이 장에서는 적대적인 몹을 안전하게 사육하는 방법을 살펴볼 것입니다.

적대적인 몹 사육의 원리

적대적인 몹은 귀한 아이템들과 가끔은 엔더 드래곤을 격파하는 데 꼭 필요한 아이템을 떨어뜨립니다. 적대적인 몹을 사육하려면 복잡한 구조물을 지어야 합니다. 하지만 그만한 가치가 있을 것입니다.

사냥

몇몇 아이템은 플레이어나 늑대가 직접 적대적인 몹을 죽여야만 얻을 수 있습니다. 그래서 대부분의 사육장에서는 살아있는 몹을 모아 직접 죽입니다. 그러나 주변에 생성될 수 있는 적대적인 몹의 숫자에는 제한이 있습니다. 생산량을 최대화하려면 새로운 몹이 생성되는 대로 빠르게 사냥해야 합니다.

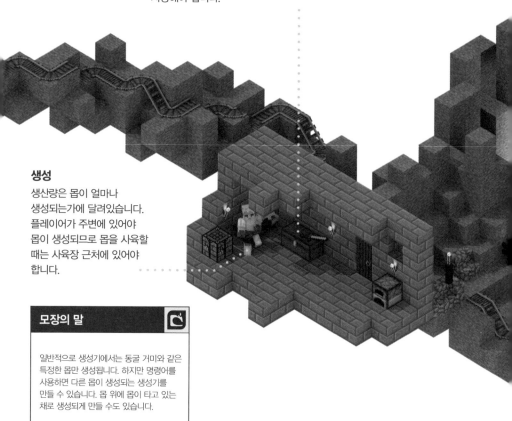

생성

생산량은 몹이 얼마나 생성되는가에 달려있습니다. 플레이어가 주변에 있어야 몹이 생성되므로 몹을 사육할 때는 사육장 근처에 있어야 합니다.

모장의 말

일반적으로 생성기에서는 동굴 거미와 같은 특정 몹만 생성됩니다. 하지만 명령어를 사용하면 다른 몹이 생성되는 생성기를 만들 수 있습니다. 몹 위에 몹이 타고 있는 채로 생성되게 만들 수도 있습니다.

빛

원하는 곳에서 몹이 빠르게 생성되게 하려면 다른 곳에서 몹이 생성되지 않도록 해야 합니다. 사육장 근처에 숨겨진 동굴을 환하게 밝히고 지상에도 조명을 두거나 반 블록으로 덮어 사육장 바깥에서 몹이 생성되는 것을 막으세요.

네더

몇몇 적대적인 몹은 네더에서만 생성됩니다. 네더에 사는 몹을 사육하려면 네더에서 생활하기 위한 기지를 만드세요. 단, 물을 이용한 오버월드의 농사 기술은 네더에서 사용할 수 없습니다.

생성기

적대적인 몹을 생성하는 생성기는 던전이나 폐광, 대저택, 엔드 포탈이 있는 요새, 네더 요새에서 발견할 수 있습니다. 생성기를 발견하면 파괴하지 말고 활용해보세요.

생성

적대적인 몹은 일정한 규칙을 따라 생성됩니다. 이 규칙을 자세히 알고 있으면 스마트한 사육장을 만들 수 있습니다. 적대적인 몹 생성 속도에 영향을 주는 요소들을 살펴봅시다.

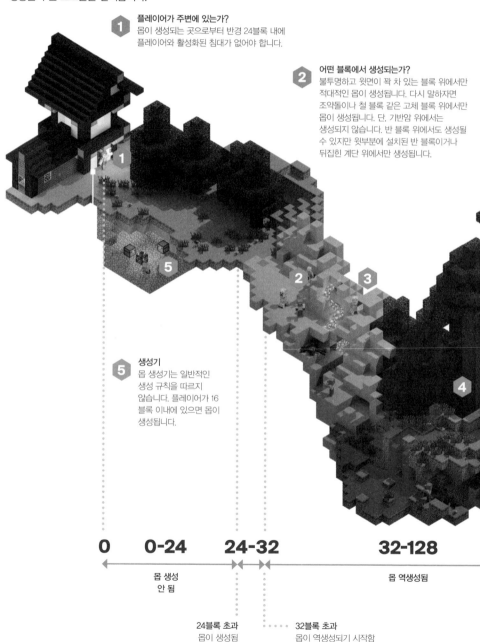

1 플레이어가 주변에 있는가?
몹이 생성되는 곳으로부터 반경 24블록 내에 플레이어와 활성화된 침대가 없어야 합니다.

2 어떤 블록에서 생성되는가?
불투명하고 윗면이 꽉 차 있는 블록 위에서만 적대적인 몹이 생성됩니다. 다시 말하자면 조약돌이나 철 블록 같은 고체 블록 위에서만 몹이 생성됩니다. 단, 기반암 위에서는 생성되지 않습니다. 반 블록 위에서도 생성될 수 있지만 윗부분에 설치된 반 블록이거나 뒤집힌 계단 위에서만 생성됩니다.

5 생성기
몹 생성기는 일반적인 생성 규칙을 따르지 않습니다. 플레이어가 16 블록 이내에 있으면 몹이 생성됩니다.

0   **0-24**   **24-32**   **32-128**

몹 생성 안 됨

몹 역생성됨

24블록 초과
몹이 생성됨

32블록 초과
몹이 역생성되기 시작함

3 충분한 여유 공간이 있는가?
적대적인 몹이 생성되려면 생성 지점
주변에 빈 공간이 있어야 합니다. 대부분의
몹은 2블록 높이의 공간이 필요하지만,
거미는 1블록 높이와 3블록 너비의 공간이
필요하고, 엔더맨은 3블록 높이의 공간이
필요합니다. 이 공간 내에는 액체나 레일,
고체 블록이 하나도 없어야 합니다.

4 충분히 어두운가?
대부분의 몹은 밝기 레벨 8 미만에서만
생성됩니다. 하지만 블레이즈 같은 일부
몹은 더 밝은 환경에서도 생성됩니다.
어두울수록 몹이 생성될 확률이
높아집니다. 햇빛이 바로 비치는 곳에서는
몹이 생성되지 않을 확률이 높아집니다.

역생성

몹은 역생성되기도 합니다. 역생성은 특정한 규칙에
따라 세계에서 몹이 사라지는 것을 의미합니다.

1. 32블록 이내에 30초 이상 플레이어가 없는 몹은 매초마다 1/40
의 확률로 몹이 역생성됩니다.

2. 128블록 이내에 플레이어가 없는 몹은 즉시 역생성됩니다.

3. 이름표로 이름 지어진 적대적인 몹이나 플레이어가 떨어뜨린
아이템을 주운 몹은 역생성되지 않습니다.

> **모장의 말**
>
> 몹에게 이름표로 이름을 지어주면 절대로
> 역생성되지 않습니다. 이것은 좀비 주민을
> 주민으로 되돌리고 싶을 때 활용하면
> 좋습니다. 좀비 주민을 찾았을 때 이름을
> 지어주고 가둬 두면 치료제를 찾을 때까지
> 모험을 계속할 수 있습니다.

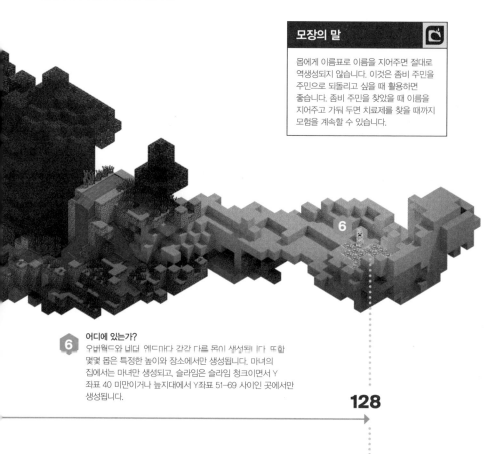

6

6 어디에 있는가?
오버월드와 네더 엔드마다 각각 다른 몹이 생성됩니다. 또한
몇몇 몹은 특정한 높이와 장소에서만 생성됩니다. 마녀의
집에서는 마녀만 생성되고, 슬라임은 슬라임 청크이면서 Y
좌표 40 미만이거나 늪지대에서 Y좌표 51~69 사이인 곳에서만
생성됩니다.

128

128블록 초과
모든 몹이 즉시 역생성됨

장비

적대적인 몹을 사육하는 것은 어렵고 위험합니다. 하지만 몇 가지 특별한 장비와 아이템에 투자하면 사육을 보다 쉽고 고효율적으로 할 수 있습니다.

다이아몬드 검

대부분의 몹은 여러분이 직접 죽여야 합니다. 이때 강력하고 내구성이 강한 검을 만들면 빠르게 몹을 해치울 수 있습니다. 다이아몬드 검을 만드세요.

다이아몬드 원석은 희귀합니다. 오버월드 Y좌표 5-20에서만 발견할 수 있습니다. 다이아몬드를 캐려면 지표면 아래로 깊이 파고 내려가야 합니다. Y좌표 12-16에서 가장 쉽게 발견할 수 있습니다.

채굴에 TNT를 사용하면 다이아몬드를 빠르게 찾을 수 있습니다. 52-53쪽을 참고해 간단한 몹 사육장을 만들면 크리퍼로부터 빠르게 화약을 모을 수 있습니다. Y좌표 14 주변에서 5블록 간격으로 TNT 블록을 설치하고 터뜨리세요. 그런 다음 생긴 구멍 속에 다이아몬드 원석이 있는지 확인하세요. 이때 흘러나온 용암에 빠지지 않도록 주의해야 합니다.

마법 부여

떨구는 아이템의 수를 늘리거나 빠르게 몹을 해치우려면 장비에 마법을 부여하세요. 마법 부여대 주변에 최대 15개의 책장을 설치하면 마력을 키울 수 있습니다. 플레이어의 레벨에 따라 부여할 수 있는 마법이 달라지고 마법을 부여할 때마다 부여할 수 있는 마법의 목록이 초기화됩니다. 마법 부여대에서 경험치와 청금석을 지불하면 마법을 부여할 수 있고, 모루를 사용하면 장비에 마법 부여된 책을 붙이거나, 마법 부여된 아이템을 서로 합칠 수도 있습니다.

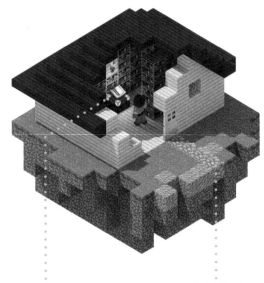

마법 부여대는 흑요석과 다이아몬드, 책으로 제작할 수 있습니다.

모루는 철괴와 철 블록으로 제작할 수 있습니다.

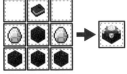

마법 부여대 제작법

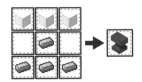

모루 제작법

약탈

검에 약탈을 부여하면 몹이 떨구는 아이템의 개수가 늘어나고, 희귀 아이템이 떨어질 확률이 높아집니다. 마법 레벨이 높아질수록 떨구는 아이템의 개수가 늘어납니다. 마법 레벨은 최대 Ⅲ까지 올릴 수 있습니다.

섬세한 손길

거미줄이나 얼음처럼 블록을 부수면 파괴되는 아이템을 그대로 얻을 수 있게 해주는 마법입니다. 이를 활용한 블레이즈 사육장에 대해서는 62–65쪽을, 얼음 양식 방법에 대해서는 74–75쪽을 참고하세요.

내구성

내구성은 장비의 내구도를 높여줍니다. 최대 레벨 Ⅲ 까지 올릴 수 있습니다. 마법 부여된 다이아몬드 검에 함께 붙이면 좋은 마법입니다.

날카로움

날카로움은 근접 공격력을 높여줍니다. 레벨 V에서는 하트 1.5칸에 해당하는 피해를 추가로 줄 수 있습니다. 모루를 통해서만 레벨 V로 올릴 수 있습니다.

강타

강타는 좀비나 스켈레톤 같은 언데드 몹에게 더 많은 피해를 줍니다. 레벨 V에서는 하트 6.5칸에 해당하는 피해를 추가로 줄 수 있습니다. 위더 스켈레톤을 죽일 때 사용하면 좋은 마법입니다.

물약

양조기에서 만든 물약을 마시면 강력한 힘으로 여러 마리의 몹에게 큰 피해를 입힐 수 있습니다. 물약을 만들려면 유리병, 물, 네더 사마귀, 발효된 거미 눈, 화약 등 많은 아이템이 필요합니다.

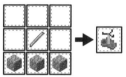

양조기 제작법

양조기는 조약돌과 블레이즈 막대로 제작할 수 있습니다.

힘의 물약
3분 또는 8분 동안 근접 공격력을 하트 1.5칸만큼 늘려주는 물약입니다.

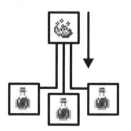

투척용 고통의 물약
던지면 여러 마리의 몹에게 즉시 피해를 줍니다. 단, 언데드 몹에게 던지면 체력이 회복됩니다. 고통의 물약 Ⅰ는 하트 3칸, 고통의 물약 Ⅱ는 하트 6칸의 피해를 입힙니다.

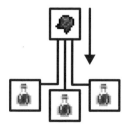

투척용 치유의 물약
던지면 여러 마리의 언데드 몹에게 즉시 피해를 입힐 수 있습니다.

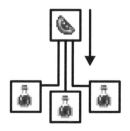

오버월드의 몹

오버월드는 수많은 적대적인 몹들의 고향입니다. 각자 서로 다른 방법으로 공격하고 가치 있는 아이템을 떨어뜨립니다. 각 몹의 특징을 살펴보고 최대한 많은 아이템을 모을 수 있는 사육장을 만드는 방법을 알아봅시다.

스켈레톤

생성

밝기 레벨이 8 미만인 오버월드와 네더 요새에서 생성됩니다. 눈 쌓인 생물 군계에서는 높은 확률로 스켈레톤 대신 스트레이가 생성됩니다. 스트레이를 죽이면 50%의 확률로 감속의 화살을 얻을 수 있습니다.

죽으면 떨구는 것

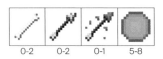

| 0-2 | 0-2 | 0-1 | 5-8 |

화살도 유용한 아이템이지만 농부에게는 스켈레톤의 뼈도 귀한 아이템입니다. 뼈로 뼛가루를 제작할 수 있습니다. 이 신비로운 아이템을 사용하면 거의 모든 작물의 성장 속도를 높일 수 있습니다.

좀비

생성

밝기 레벨이 8 미만인 오버월드에서 4명씩 무리를 지어 생성되거나 자정에 큰 마을에서 20명씩 무리를 지어 생성됩니다. 1/20의 확률로 아기 좀비가 생성됩니다. 아기 좀비는 일반 좀비보다 작고 빠르게 움직이며, 죽을 때 더 많은 경험치를 떨어뜨립니다.

죽으면 떨구는 것

| 0-2 | 0-1 | 0-1 | 0-1 | 5-12 |

썩은 고기를 먹으면 식중독에 걸립니다. 하지만 다른 2가지 쓰임새가 있습니다. 늑대를 치유 또는 길들이거나, 주민에게서 에메랄드로 교환하는데 사용할 수 있습니다. 좀비는 매우 낮은 확률로 감자, 당근, 철괴를 떨어뜨립니다. 더불어 갑옷이나 무기를 떨어뜨리기도 합니다.

간단한 몹 사육장

이 사육장은 좀비, 스켈레톤, 크리퍼, 마녀, 거미로부터 아이템을 모을 수 있는 사육장입니다. 중력을 이용해 자동으로 몹을 죽일 것입니다. 사육장을 만들려면 많은 블록이 필요하지만 만드는 방법이 매우 간단해 게임 극초반에도 만들 수 있습니다.

TIP

아이템은 물론 경험치도 모으려면 추락 높이를 22블록으로 줄이세요. 그러면 몹이 떨어져도 즉사하지 않지만, 한 번만 때리면 죽는 상태가 됩니다.

1 위에 있는 공간에서 몹이 생성됩니다. 다락문을 열어 두면 몹이 걸을 수 있는 블록이라고 착각합니다.

2 구조물의 상단과 하단에서 적대적인 몹이 생성되지 않도록 조명을 설치하세요. 이렇게 하면 사육장 내부에서 몹이 생성될 확률은 최대화되고, 밖에서 위험한 일이 발생할 확률은 최소화됩니다.

3 몹은 8블록에 걸쳐 흐르는 물을 타고 23블록 아래로 떨어집니다.

4 대부분의 몹은 아래로 떨어뜨려서 죽일 것입니다. 몹이 떨어뜨린 아이템을 모으기 위해 밑에 깔때기를 설치하세요.

5 반 블록을 설치하면 거미가 떨어지다가 탈출하는 것을 막을 수 있습니다. 마녀를 비롯한 몇몇 몹은 죽지 않을 수도 있습니다. 이런 몹을 한 번에 죽이려면 32블록 높이에서 떨어뜨려야 합니다.

필요한 재료

거미

슬라임

생성

밝기 레벨이 8 미만이고 1블록 이상의 공간이 있는 오버월드 또는 생성기에서 생성됩니다. 동굴 거미는 평범한 거미보다 작고 독을 가지고 있으며 폐광에 있는 생성기에서만 생성됩니다.

죽으면 떨구는 것

| 0-2 | 0-1 | 5 |

실은 활, 낚싯대, 끈을 제작하거나 철사덫 갈고리를 연결할 때 사용됩니다. 거미 눈을 먹으면 독 효과에 걸리지만 물약 양조에 사용하면 독, 감속, 투명화, 고통, 나약의 물약을 만들 수 있습니다. 거미 눈은 낙하 피해로 죽었을 때 떨어지지 않습니다. 플레이어가 직접 죽여야만 얻을 수 있다는 점을 기억하세요.

생성

슬라임은 밝기 레벨에 상관없이 오버월드의 Y좌표 40 이하에서 무작위로 생성되거나 지상의 밝기 레벨 8 미만인 늪에서 생성됩니다. 슬라임은 3가지 크기로 존재합니다. 큰 슬라임을 죽이면 작은 슬라임으로 나눠집니다. 가장 작은 슬라임을 죽이면 슬라임볼을 얻을 수 있습니다.

죽으면 떨구는 것

| 0-2 | 1-4 |

슬라임볼은 매우 유용한 아이템입니다. 끈이나 끈끈이 피스톤, 화염 저항 물약 양조에 필요한 마그마 크림, 탱탱한 슬라임 블록을 제작할 때 사용할 수 있습니다.

알고 있나요?

거미는 벽을 오를 수 있습니다. 때문에 트랩 사육장에서 종종 살아남기도 합니다.

알고 있나요?

크리퍼가 번개에 맞으면 충전된 크리퍼로 변합니다. 충전된 크리퍼가 좀비, 스켈레톤, 크리퍼를 죽이면 각 몹의 머리를 아이템으로 떨어뜨립니다.

선인장으로 만든 슬라임 트랩

슬라임이 생성되는 장소를 찾았으면 이 트랩을 만드세요. 이것은 슬라임의 멍청함을 활용해 슬라임볼을 대량으로 모으는 트랩입니다. 네더의 마그마 큐브에게도 이 방법을 사용할 수 있습니다.

1 늪이나 슬라임이 생성되는 Y좌표 40 이하의 장소를 찾으세요. 땅속에서 슬라임이 생성되는 곳을 찾으려면 주의를 기울이면서 땅을 파내고 슬라임이 생성되는 곳을 메모해 두어야 합니다.

2 한 변의 길이가 약 30블록인 사각형 공간을 만드세요. 다른 몹이 생성되는 것을 방지하기 위해 조명을 설치하세요.

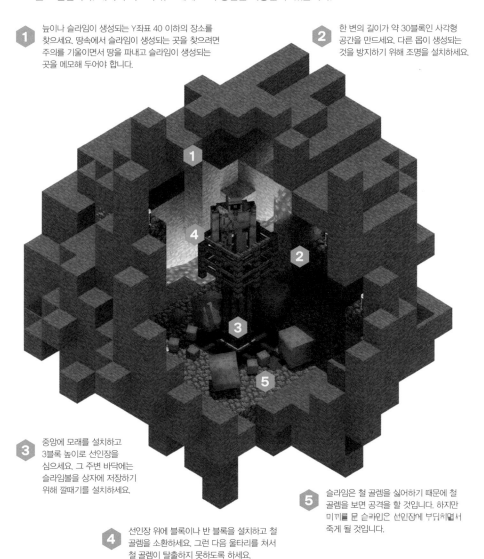

3 중앙에 모래를 설치하고 3블록 높이로 선인장을 심으세요. 그 주변 바닥에는 슬라임볼을 상자에 저장하기 위해 깔때기를 설치하세요.

5 슬라임은 철 골렘을 싫어하기 때문에 철 골렘을 보면 공격을 할 것입니다. 하지만 미끼를 문 슬라임은 선인장에 부딪히면서 죽게 될 것입니다.

4 선인장 위에 블록이나 반 블록을 설치하고 철 골렘을 소환하세요. 그런 다음 울타리를 쳐서 철 골렘이 탈출하지 못하도록 하세요.

필요한 재료

크리퍼

생성

밝기 레벨이 8 미만인 오버월드의 모든 곳에서
생성됩니다.

죽으면 떨구는 것

| 0-2 | 0-1 | 5 |

화약은 TNT, 폭죽, 화염구 같이 불과 관련된 아이템을
제작하는 데 필요한 아이템입니다. 투척용 물약을
양조할 때도 화약이 필요합니다. 크리퍼가 스켈레톤이
쏜 화살에 죽으면 주크박스에서 재생할 수 있는
음반을 무작위로 떨어뜨립니다.

TNT

화약은 모두가 좋아하는 블록인 TNT의 핵심 재료입니다.
필요한 나머지 재료는 모래입니다.

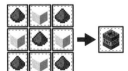

TNT 제작법

마녀

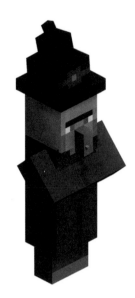

생성

밝기 레벨이 8 미만인 오버월드의 모든 곳과 마녀의
집에서 생성됩니다.

죽으면 떨구는 것

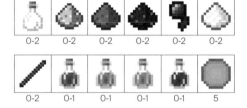

| 0-2 | 0-2 | 0-2 | 0-2 | 0-2 | 0-2 |
| 0-2 | 0-1 | 0-1 | 0-1 | 0-1 | 5 |

마녀가 죽으면 최대 6개의 아이템을 떨어뜨립니다.
물약을 사용하고 있을 때 죽으면 사용하고 있던
물약도 같이 떨어뜨립니다. 마녀가 떨어뜨리는
아이템은 전부 유용하지만 그 중에서도 가장 유용한
아이템은 네더에서만 얻을 수 있는 발광석 가루입니다.
발광석 가루는 물약 양조나 발광석, 폭죽, 화살에
맞으면 벽 뒤에 숨어도 어디에 있는지 알 수 있는 분광
화살을 제작하는 데 사용할 수 있습니다.

알고 있나요?

크리퍼가 떨어뜨리는 음반에서 들을
수 있는 마인크래프트 음악을 작곡한
사람은 C418입니다.

마녀 사육장

마녀 사육장은 마녀의 집이라는 특별한 건물을 활용해 만듭니다. 마녀의 집을 활용하면 7×9×5블록 내에서 마녀만 생성됩니다. 마녀의 집을 찾는데 많은 시간이 걸릴 수 있지만, 가치 있는 아이템을 대량으로 생산할 수 있을 것입니다.

1 다른 적대적인 몹이 사육장 안에 생성되지 않도록 사육장 주변과 위, 아래를 최대한 밝게 만드세요.

마녀의 집은 늪에서 발견할 수 있습니다. 마녀의 집을 찾으면 안에 있는 마녀를 쫓아내고 건물 전체를 감싸는 상자를 만드세요.

2 내부에 있는 마녀의 집을 파괴하고 새로운 상자 안에서 마녀의 집으로부터 최소 2블록 위에 2층을 만드세요. 2층에서 마녀가 생성될 것입니다.

3 물에 떠내려가는 마녀가 추락사하도록 수로 끝에 32블록 높이의 구덩이를 만드세요. 구덩이 아래에는 상자를 설치하고 깔때기와 연결해 마녀가 죽으면서 떨어뜨린 아이템을 모으세요.

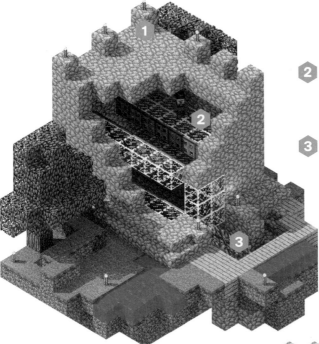

4 위에서 마녀가 떨어지도록 바닥을 따라 다락문을 블록 2개 너비로 설치하세요.

5 마녀가 생성되는 층 아래에 3블록 깊이의 수로를 파고 8블록에 걸쳐 한쪽으로 물이 흐르게 만드세요.

필요한 재료

엔더맨

보트를 활용한 사육 방법

오버월드에서는 엔더맨 사육이 쉽지 않습니다. 엔더맨은 순간이동을 할 수 있고 물을 싫어하기 때문에 다른 몹을 사육할 때 쓰는 방법은 효과가 없습니다. 그러나 이 사냥 방법을 사용하면 사육이 가능하긴 합니다.

1 시야가 탁 트인 지상에서 엔더맨을 사육할 장소를 선택하세요. 그런 다음 15개 정도의 보트로 원을 만드세요.

2 다른 적대적인 몹이 생성되지 않도록 보트를 설치한 곳으로부터 반경 20 블록 지점에 조명을 설치하세요.

생성

밝기 레벨이 8 미만인 오버월드, 네더, 엔드에서 생성됩니다. 오버월드에서는 낮은 확률로 1-4 마리가 함께 생성되고, 네더에서는 매우 낮은 확률로 생성됩니다.

죽으면 떨구는 것

0-1   5

엔더 진주를 던지면 던진 곳으로 순간이동할 수 있습니다. 또한 엔더 진주는 엔드 포탈이 있는 요새의 위치를 알려주는 엔더의 눈을 제작하는 데도 사용할 수 있습니다. 엔더의 눈을 던지면 낮은 확률로 파괴되기도 합니다. 엔드 포탈을 활성화하려면 엔더의 눈 12개를 엔드 포탈에 설치해야 합니다.

3 밤이 되기를 기다린 다음 엔더맨을 찾으세요. 비가 오는 날에는 생성되지 않으니 주의하세요. 엔더맨이 화나도록 눈을 똑바로 마주치세요. 엔더맨이 여러분을 공격하러 다가오면 보트에 갇힐 것입니다. 엔더맨이 보트에 타고 있으면 보다 쉽게 엔더맨을 때릴 수 있습니다.

4 엔더맨은 보트에 타고 있어도 다른 곳으로 순간이동할 수 있고 플레이어를 공격할 수 있습니다. 자신을 보호하기 위해 갑옷을 입는 것이 좋습니다.

보트

보트는 만들기 쉽고 비싼 아이템이 필요하지 않습니다. 나무 판자와 나무 삽만 있으면 됩니다.

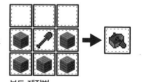

보트 제작법

필요한 재료

엔더마이트 트랩

엔더맨이 엔더마이트를 싫어한다는 점을
활용한 다른 사육 방법도 있습니다.
그러나 이를 활용한 사육장을
만들려면 귀중한 엔더 진주를
사용해야 합니다.

1 엔더마이트에게 이름을 지어
주기 위해 모루와 이름표를
준비하세요. 이름표를 단 몹은
역생성되지 않습니다.

2 지상에 3블록 높이의 탑을 세우고 그
위에 레일을 설치하세요. 그런 다음
마인카트를 두세요. 엔더마이트를 여기에
앉힐 것입니다.

3 탑의 기초 주변에 다락문으로
고리를 만들고 43블록 깊이의
구덩이를 파세요. 엔더맨을
여기에 떨어뜨려 죽일 것입니다.

4 마인카트 위에 블록을 놓고 2블록 깊이,
1×1 크기의 오목한 공간을 만드세요.
가장자리에 서서 반대편 모서리로
엔더 진주를 던지세요. 반대편으로
순간이동하면 약간의 체력이 닳을 수
있습니다. 체력이 충분히 회복된 뒤 다시
엔더 진주를 던지는 것을 반복하세요.
평균적으로 20번 가량 엔더 진주를
던지면 엔더마이트가 오목한 공간 안에
생길 것입니다.

5 근처의 안전한 장소에서 엔더맨이
생성되고 엔더마이트가 엔더맨을
공격해서 엔더맨이 추락사하는
것을 기다리세요.

6 엔더맨이 떨어지면 재빠르게
엔더마이트에게 이름표를 달아주고
엔더마이트가 서 있는 블록을 부숴
마인카트에 앉히세요. 그런 다음 탑
주변에 있는 다른 블록들을 모두
파괴해 깔끔하게 정리하세요.

필요한 재료

네더의 몹

네더에서 만나게 될 모든 몹은 매우 위험하지만 희귀하고 값어치 있는 아이템을
떨어뜨립니다. 떨어뜨리는 아이템의 대부분은 물약 양조에 꼭 필요한 핵심 재료입니다.
각 몹의 특징과 전리품을 얻을 수 있는 사육 방법을 알아봅시다.

마그마 큐브

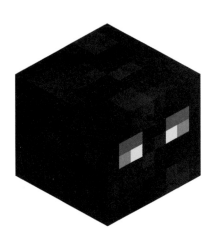

생성

네더의 모든 곳에서 밝기 레벨에 상관없이 3가지의
크기로 생성됩니다. 마그마 큐브는 다른 곳보다 네더
요새에서 쉽게 발견할 수 있습니다.

죽으면 떨구는 것

0-1   1-4

마그마 크림은 네더 탐험을 아주 편리하게 만들어주는
화염 저항 물약을 양조하는 데 필요합니다.

좀비 피그맨

생성

네더에서 쉽게 찾을 수 있는 좀비 피그맨은 밝기
레벨에 상관없이 고체 블록 위에 4마리씩 생성됩니다.
낮은 확률로 오버월드에 있는 네더 포탈에 생성되기도
합니다.

죽으면 떨구는 것

0-1   0-1   0-1   1   5-12

좀비 피그맨만 있으면 금을 쉽게 모을 수 있습니다. 금
조각 9개로 금괴나 황금 당근, 반짝이는 수박을 제작할
수 있습니다. 황금 당근은 말을 길들이거나 야간 투시
물약을 양조할 때 필요하고, 반짝이는 수박은 치유의
물약을 양조하는 데 사용됩니다. 좀비 피그맨은 일정
확률로 들고 있는 금 검을 떨어뜨리기도 합니다. 금
검을 화로에서 녹이면 금 조각을 얻을 수 있습니다.

좀비 피그맨 골드 런

이 사육 방법은 약간의 수고가 필요하지만 확실하고
만들기 쉽습니다. 사육장을 만들기 전에 먼저 네더에
가야 합니다. 더 전문적인 농장을 만드는 방법에
대해서는 66–67쪽을 참고하세요.

1 네더에서 주변에 있는 다른 곳으로 이동하기
쉽고 평평한 장소를 찾으세요.

TIP

공격 당할 때를 대비해 음식과 체력 회복
아이템을 준비하세요. 그리고 가스트의
공격을 조심하세요.

2 각 장소에 조약돌로 3×3 크기의 대피소를
만들고 들어가 서 있을 수 있도록 안쪽에 2블록
높이의 공간을 두세요. 그리고 각
면에 나무 울타리 문을 설치해
들어오고 나갈 수 있게
만드세요.

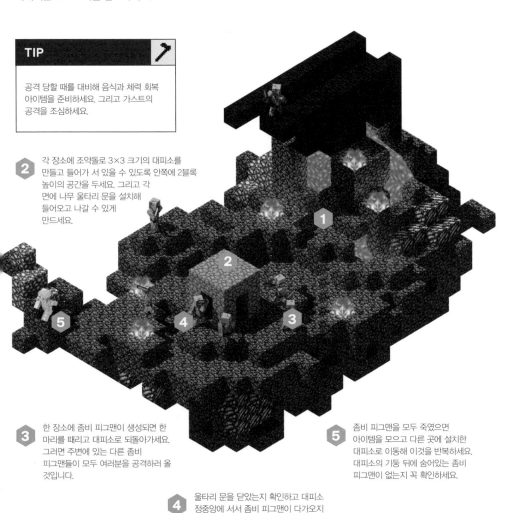

3 한 장소에 좀비 피그맨이 생성되면 한
마리를 때리고 대피소로 되돌아가세요.
그러면 주변에 있는 다른 좀비
피그맨들이 모두 여러분을 공격하러 올
것입니다.

5 좀비 피그맨을 모두 죽였으면
아이템을 모으고 다른 곳에 설치한
대피소로 이동해 이것을 반복하세요.
대피소의 기둥 뒤에 숨어있는 좀비
피그맨이 없는지 꼭 확인하세요.

4 울타리 문을 닫았는지 확인하고 대피소
정중앙에 서서 좀비 피그맨이 다가오지
못하게 하세요. 그런 다음 검으로 좀비
피그맨을 죽이세요.

필요한 재료

위더 스켈레톤

생성

밝기 레벨 8 미만인 네더 요새에서 5마리씩 무리를 지어 생성됩니다.

죽으면 떨구는 것

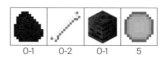

0-1	0-2	0-1	5

위더 스켈레톤을 죽이는 이유는 머리를 얻기 위해서입니다. 위더 스켈레톤을 죽이면 무시무시한 위더를 소환하는 데 필요한 머리를 2.5%의 확률로 떨어뜨립니다. 위더를 죽이면 신호기를 만드는 데 필요한 네더의 별을 얻을 수 있습니다.

위더 스켈레톤은 특정한 장소와 네더 요새 주변에서만 생성됩니다. 위더 스켈레톤을 사육하기 좋은 곳은 주변에 장애물이 없고 길이 교차하는 지점입니다. 넓고 평평하기 때문이죠. 최고의 장소는 근처에서 다른 몹이 생성되는 것을 막아주는 용암 위에 있는 네더 요새입니다.

간단한 위더 스켈레톤 사육장

네더에서 건물을 짓는 것은 위험하고 어렵지만 간단한 농장을 만들면 위더 스켈레톤 해골을 더 안전하게 모을 수 있습니다.

1 위더 스켈레톤은 교차 지점의 중앙으로부터 반경 9블록 이내에서 생성됩니다. 교차 지점의 중앙을 기준으로 20블록 너비의 사각형 바닥을 만드세요

2 요새 주변을 정리하고 뻥 뚫린 바닥을 메우세요. 반 블록이나 유리 블록을 설치하면 다른 곳에서 몹이 생성되는 것을 막을 수 있습니다.

필요한 재료

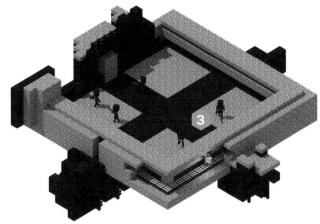

3 위더 스켈레톤은 바닥 아래에서도 생성됩니다. 사육장의 생산성을 최대화하려면 3블록 간격을 두고 위에 2층을 만드세요. 위더 스켈레톤은 어두운 곳에서만 생성됩니다. 햇불로 주변을 밝히지 마세요.

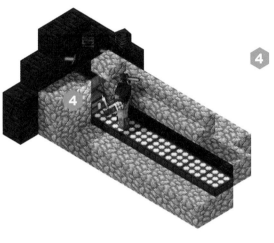

4 위더가 생성되는 곳의 가장자리를 따라 통로를 만드세요. 햇빛 감지기로 바닥과 계단을 만들면 통로에서 사육장 내부를 볼 수 있습니다. 햇빛 감지기를 사용하면 위더 스켈레톤을 볼 수 있으면서도 공격당하지 않을 수 있습니다.

5 이제 통로 끝으로 위더 스켈레톤을 유인할 차례입니다. 위더 스켈레톤은 계단 위에 올라가 있을 것입니다. 그곳으로 가서 위더 스켈레톤을 죽이세요. 위더 스켈레톤이 떨어뜨리는 아이템은 깔때기가 자동으로 모을 것입니다. 너무 많은 종류의 몹이 생성되면 잠시 다른 곳으로 가서 역생성될 때까지 기다리세요.

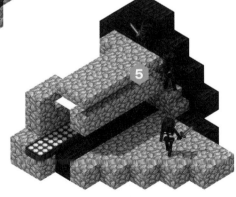

햇빛 감지기
네더에 가면 햇빛 감지기 제작에 필요한 네더 석영을 쉽게 발견할 수 있습니다.

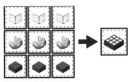

햇빛 감지기 제작법

TIP ⟩

네더에서 건물을 지을 때는 조약돌을 사용하는 것이 좋습니다. 조약돌은 가스트의 화염구를 막아줍니다. 자세한 정보는 72쪽을 참고하세요.

블레이즈

생성

밝기 레벨이 12 미만인 네더 요새 속 생성기에서 생성됩니다.

죽으면 떨구는 것

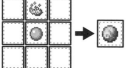

0-1 10

블레이즈 막대로 물약의 세계를 열어주는 양조기를 제작할 수 있습니다. 그리고 엔더의 눈을 제작하는 데 필요한 블레이즈 가루도 제작할 수 있습니다. 또한 화염구와 마그마 큐브가 떨어뜨리는 마그마 크림을 만들 수도 있습니다.

마그마 크림 제작법

마그마 크림
어색한 물약에 마그마 크림을 넣고 양조하면 화염 저항의 물약을 만들 수 있습니다.

블레이즈 생성기를 활용한 사육장

블레이즈 사육장은 네더 요새에서 찾을 수 있는 블레이즈 생성기 주변에 만들어야 합니다. 이 건물을 짓는 것은 매우 위험하지만 놀라운 속도로 블레이즈 막대가 생성될 것입니다. 경험치도 정말 빠르게 생성될 것입니다.

1 네더 요새에서 블레이즈 생성기를 찾으세요. 생성기는 주로 탑 꼭대기에서 발견할 수 있습니다. 최고의 장소는 밀폐된 곳입니다. 작업에 열중하는 동안 가스트가 공격을 못하기 때문이죠.

모장의 말

블레이즈가 현재의 모습이 될 때까지 여러 번 모습에 변화가 있었습니다. 우리는 처음에 인격적인 부분을 없었습니다. 그런 다음 눈을 추가해봤더니 갑자기 훨씬 생기 넘치는 모습이 되었습니다. 그 이후 우리는 모든 몹에 눈을 달기로 결정했습니다!

필요한 재료

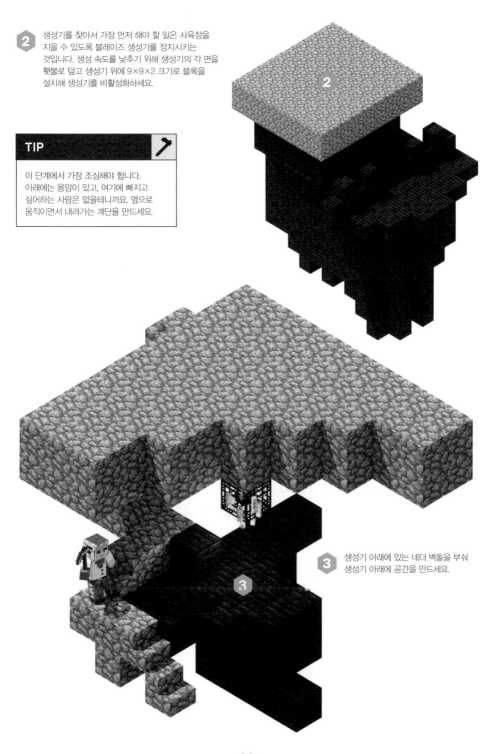

2 생성기를 찾아서 가장 먼저 해야 할 일은 사육장을
지을 수 있도록 블레이즈 생성기를 정지시키는
것입니다. 생성 속도를 낮추기 위해 생성기의 각 면을
횃불로 덮고 생성기 위에 9×9×2 크기로 블록을
설치해 생성기를 비활성화하세요.

TIP >

이 단계에서 가장 조심해야 합니다.
아래에는 용암이 있고, 여기에 빠지고
싶어하는 사람은 없을테니까요. 옆으로
움직이면서 내려가는 계단을 만드세요.

3 생성기 아래에 있는 네더 벽돌을 부숴
생성기 아래에 공간을 만드세요.

모장의 말

마그마 크림은 화염 저항 물약을 만드는
데 필요한 주 재료 중 하나입니다. 모든
사람들은 이 이름이 터무니없다고 말하지만
재미있다고 생각되어 그렇게 이름을
지었습니다.

4 생성기 아래에 9×9×12 크기인 방을
만드세요. 천장의 중앙에 생성기가 있어야
하고 천장과 생성기 사이의 거리가
2블록이어야 합니다.

5 바닥 중앙을 따라 3블록 너비의 틈을
만들고 아래로 가라앉은 블레이즈를
사냥하기 위한 통로를 만드세요.

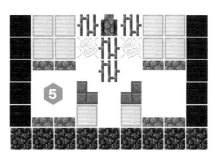

TIP

오버월드의 요새, 폐광, 이글루에 있는
거미줄을 섬세한 손길 마법이 부여된
가위로 부수면 거미줄 블록을 얻을 수
있습니다. 거미줄이 없다면 약간 덜
효율적인 사육장을 만들 수 있습니다.
거미줄을 설치할 공간을 비워 두고 계단을
고체 블록으로 바꾸세요.

작동 원리

층의 높이가 높을수록 생성기에서 블레이즈가 생성될 수
있는 범위가 늘어납니다. 몹은 철창을 투시할 수 없기 때문에
블레이즈는 여러분의 존재를 모르는 채로 탈출을 방해하는
거미줄 함정에 빠질 것입니다.

生成기를 감싸고 있던 블록을 부수고 재빠르게 아래로
내려가 통로로 가세요. 생성기를 다시 활성화하면
바로 블레이즈가 생성됩니다. 블레이즈가
아래로 내려오면 검으로 죽이세요.
가끔 블레이즈 막대가 통로
중앙으로 빠질 수 있으니
조심하세요.

6

가스트

가스트 사육장

가스트는 드물게 생성되고 공중에 떠 다니기 때문에 효율적인 사육장을 만드는 것이 어렵습니다. 이 사육장은 사육장 내부에서만 가스트가 생성됩니다. 만들기는 어렵지만 좀비 피그맨으로부터 금과 경험치를 함께 얻을 수 있습니다.

1 가장 먼저 사육하기 좋은 곳을 찾으세요. 가스트는 드물게 생성되는 만큼 사육장 바깥이 아닌 안에서만 생성되도록 만들어야 합니다. 거대한 용암 호수를 찾고 블록 100개 넓이의 땅을 만드세요. 그런 다음 가장자리를 따라 반 블록을 설치하세요.

2 용암 위에 4블록 높이로 창문이 뚫려 있는 거대한 우리를 만드세요. 여러 층을 만들 수 있습니다. 천장에는 5블록 간격으로 반 블록을 설치해 가스트가 탈출하지 못하도록 하세요.

3 가스트가 탈출하거나 여러분을 공격하지 못하도록 창문을 철창으로 채우세요. 그리고 가스트가 좀비 피그맨을 가장자리로 밀어내지 못하도록 바닥을 따라 반 블록을 설치하세요.

4 위층에는 계단을 만들어 위층에 있는 좀비 피그맨이 3블록 아래로 내려올 수 있게 만드세요.

5 중간에 있는 창문 앞쪽에 다락문을 설치하고 좀비 피그맨을 죽이기 위해 24블록 깊이의 트랩을 만드세요. 좀비 피그맨이 죽으면서 떨어뜨리는 금을 모으기 위해 깔때기도 설치하세요.

6 조약돌로 다락문을 설치한 곳과 대피소를 잇는 다리를 만드세요. 가스트가 생성되는 것을 기다릴 대피소는 사육장으로부터 25 블록 정도 떨어져 있어야 합니다.

생성

밝기 레벨에 상관없이 네더의 고체 블록 위에서 생성됩니다. 그러나 가스트는 발견하기 쉽지 않습니다. 다른 몹이 20번 생성되는 동안 가스트는 1번만 생성됩니다.

죽으면 떨구는 것

0-2	0-1	5

어색한 물약에 가스트의 눈물을 넣고 양조하면 재생의 물약을 만들 수 있습니다. 유리와 엔더의 눈과 함께 조합하면 엔드 수정을 제작할 수 있습니다. 엔드에 있는 기둥 위에 엔드 수정을 설치하면 엔더 드래곤을 다시 소환할 수 있습니다.

필요한 재료

7 좀비 피그맨은 위층과 아래층에서 모두 생성될 것입니다. 생성된 좀비 피그맨을 안전하게 제거하려면 다리 위에 서서 활을 쏘세요. 근처에 있는 좀비 피그맨이 무리를 지어 여러분에게 다가오면 구멍 아래로 떨어질 것입니다.

8 대피소에 활과 화살 여러 개를 비축해두고 가스트가 소환되면 화살로 죽이세요. 화살로 2번 맞추면 가스트는 죽을 것입니다. 가스트가 죽으면 사육장으로 들어가 가스트 눈물을 얻으세요. 먼저 공격하지 않는 한 좀비 피그맨은 공격하지 않겠지만 가끔씩 함께 생성되는 마그마 큐브를 조심하세요.

4

블록 양식

가끔씩 마인크래프트에서 건물을 지을 때 수천 개의 블록이 필요한 상황이 옵니다. 이번 장에서는 아이템을 직접 찾을 필요 없이 아이템을 대량으로 만드는 방법을 알아볼 것입니다. 조약돌이나 선인장, 나무, 네더 사마귀가 필요하다면 여기에 나온 대로 농장을 만들어보세요. 큰 프로젝트를 빠르게 끝낼 수 있을 것입니다.

블록 양식의 원리

유용한 아이템을 대량으로 만들기 위해 블록이 재생되는 방법을 사용할 것입니다. 비록 먹을 수는 없지만 12–13쪽에서 살펴봤던 작물과 매우 비슷한 방법으로 재배할 수 있습니다.

장소

얼음과 눈과 같은 블록은 특정한 생물 군계에서만 만들 수 있습니다. 이런 블록을 양식하려면 그 생물 군계를 찾으러 모험을 떠나야 합니다. 기지와 양식장 사이를 빠르게 오가려면 네더 포탈을 사용하세요.

마법 부여

대부분의 블록 양식장은 얼마나 빠르게 블록을 캘 수 있는가에 달려 있습니다. 금 곡괭이를 사용하면 가장 빠르게 블록을 부술 수 있지만 내구도가 빠르게 닳습니다. 효율이나 행운, 내구성 같은 마법 부여를 도구에 붙여보세요.

도구

몇몇 블록은 정해진 도구로 부숴야만 아이템을 얻을 수 있습니다. 흑요석의 경우 다이아몬드 곡괭이, 덩굴의 경우는 가위, 얼음의 경우에는 섬세한 손길 마법이 부여된 도구가 필요합니다.

위치

규모가 큰 건물을 짓고 있다면 조약돌 같은 블록
양식장을 근처에 만드는 것이 좋습니다. 아니면
양식장을 네더에 만드세요. 가까운 곳에 네더 포탈을
만들어 두면 빠르게 자원을 가져올 수 있습니다.

블록

나무부터 흑요석에 이르기까지 이런 블록들은 건축에 자주 사용되는 블록입니다. 방법만 알면 아주 쉽게 블록을 양식할 수 있습니다. 각 블록의 쓰임새와 효율적으로 양식하는 방법을 살펴봅시다.

조약돌

조약돌은 강하고 얻기 쉬워 가장 널리 쓰이는 건축 자재입니다. 특히 가스트와 블레이즈의 화염구에도 파괴되지 않아 네더에서 유용합니다. 하지만 조약돌을 땅에서 직접 캐면 시간도 오래 걸리고 때로는 위험에 빠질 수도 있습니다.

조약돌 생성기

용암이 물로 흘러갈 때 조약돌이 만들어진다는 점을 활용하면 제자리에서 빠르게 조약돌을 캘 수 있습니다.

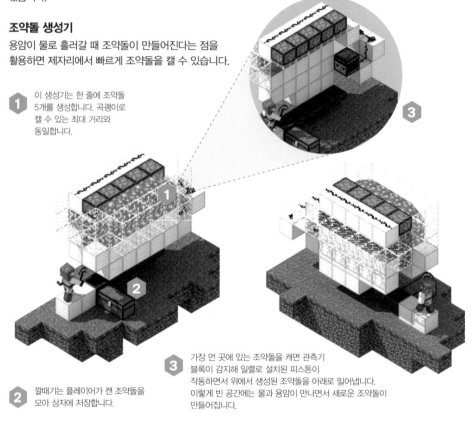

1 이 생성기는 한 줄에 조약돌 5개를 생성합니다. 곡괭이로 캘 수 있는 최대 거리와 동일합니다.

2 깔때기는 플레이어가 캔 조약돌을 모아 상자에 저장합니다.

3 가장 먼 곳에 있는 조약돌을 캐면 관측기 블록이 감지해 일렬로 설치된 피스톤이 작동하면서 위에서 생성된 조약돌을 아래로 밀어냅니다. 이렇게 빈 공간에는 물과 용암이 만나면서 새로운 조약돌이 만들어집니다.

필요한 재료

흑요석

가장 단단한 블록 중 하나인 흑요석은 크리퍼나 TNT의 폭발로 파괴되지 않아 중요한 건물을 보호하는 데
사용하기도 하고 네더 포탈을 만들 때 쓰기도 합니다. 그러나 흑요석은 비교적 희귀하고 다이아몬드 곡괭이로만
채굴할 수 있습니다.

간단한 흑요석 생성기

흑요석은 물에 흐르지 않는 용암이 닿으면 용암이
있던 자리에 생성됩니다. 때문에 흑요석을 만들려면
많은 양의 용암 양동이가 필요합니다. 하지만 이
기계를 사용하면 마지막 단계를 보다 쉽게 넘어갈 수
있습니다.

1 양동이를 만들고 용암을 모으세요. 용암 양동이가 1개당
흑요석 1개를 만들 수 있습니다. 그런 다음 용암 양동이를
발사기 안에 넣으세요. 최대 9개의 양동이를 넣을 수
있습니다.

2 발사기에 붙은 버튼을
누르면 발사기 앞에
흑요석이 생성될 것입니다.
생성된 흑요석을 캐고 다시
버튼을 누르면 새로운 흑요석이
생성됩니다. 가끔씩 빈 양동이가 발사될 때도 있는데,
이때는 양동이를 줍고 발사기 안에 있는 용암이 다 떨어질
때까지 버튼을 누릅니다.

TIP

네더에 가면 용암을 쉽게 구할 수 있습니다.
다만 네더에 가려면 여러 개의 흑요석이
필요합니다. 용암을 쉽게 운반할 수 있도록
네더 포탈 바로 옆에 흑요석 생성기를
만들어보세요.

필요한 재료

눈

추운 생물 군계에서는 눈이 내리고 블록 위에 쌓입니다. 쌓인 눈을 삽으로 캐면 눈덩이를 얻을 수 있습니다. 눈덩이는 던질 수 있습니다. 대부분의 몹에게는 밀치는 것만 가능하지만, 블레이즈에게 던지면 하트 1.5칸만큼의 피해를 같이 입힐 수 있습니다. 눈덩이를 눈 블록으로 제작하는 것도 가능합니다.

눈덩이 양식장

추운 생물 군계이기만 하면 눈 골렘은 자신이 밟고 있는 땅 위에 즉시 눈을 만들어냅니다. 이 눈으로 눈덩이를 만들 수 있습니다.

1 깔때기를 서로 연결하세요. 아이템 하나를 던지면 펄스 신호가 출력되는 펄스 회로가 만들어집니다.

2 눈 블록 2개를 세로로 설치하고 그 위에 호박을 설치해 눈 골렘을 소환하세요.

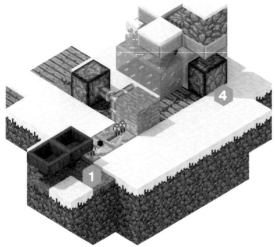

3 압력판 위에 올라서서 피스톤을 작동시키세요.

4 그러면 피스톤이 눈 골렘 아래에 있는 눈을 캘 것입니다. 눈 골렘은 다치지 않으니 걱정하지 마세요.

모장의 말

얼음에 있는 마찰력 버그를 활용하면 빠른 속도로 이동할 수 있는 장치를 만들 수 있습니다. 얼음으로 2블록 높이의 터널을 만들고 달리면서 점프하세요. 초당 16블록을 이동할 수 있습니다!

필요한 재료

필요한 재료

얼음

얼음은 눈이 쌓이는 생물 군계의 하늘 바로 아래에 있는 물에서 생성됩니다. 긴 통로의 바닥을 얼음으로 만들면 물이나 몹, 플레이어가 더 빠르게 움직일 수 있고 영혼 모래를 얼음 아래에 두면 이동 속도가 더욱 느려질 것입니다. 얼음은 곡괭이로 가장 빠르게 캘 수 있지만 마법이 부여된 도구로 캐야만 아이템을 얻을 수 있습니다. 자세한 내용은 50-51쪽을 참고하세요.

얼음 양식장

이 양식장에서 얼음을 수확하면 물이 웅덩이로 흘러가 얼음이 얼게 됩니다. 웅덩이는 원하는 만큼 크게 만들 수 있습니다.

1 물 블록을 얼리면 얼음으로 변합니다.

2 물이 얼지 않도록 가림막 바로 아래에 흐르지 않는 물 블록을 두세요. 이러면 자동으로 웅덩이에 물이 채워집니다.

네더 사마귀

네더 요새에서 자연적으로 생성되는 네더 사마귀는 밝기 레벨에 상관없이 영혼 모래 위에서 재배할 수 있습니다. 화염 저항, 치유, 야간 투시, 힘 등 거의 모든 물약의 기초 시약인 어색한 물약을 만들려면 네더 사마귀가 필요합니다.

네더 사마귀 농장

이 농장은 수확만 자동으로 할 수 있습니다. 네더 사마귀를 수확한 다음에는 플레이어가 직접 다시 심어야 합니다. 농지는 원하는 만큼 늘릴 수 있습니다.

1 중앙에 있는 통로에서 네더 사마귀를 심으세요. 영혼 모래를 밟지 않고도 멀리 있는 블록에 심을 수 있는 규모여야 합니다.

2 네더 사마귀가 다 자랐을 때 레버를 당기면 물이 흘러내려오면서 네더 사마귀를 부숩니다.

3 영혼 모래 위로 물이 흐르기 때문에 매우 느린 속도로 깔때기에 수확물이 모아질 것입니다.

필요한 재료

나무

나무는 최고의 건축 자재 겸 연료입니다. 여러 필수 아이템을 제작하는 데 필요한 재료이기도 합니다. 때문에 가까운 곳에 숲이 없다면 충분한 양의 나무를 보관함에 가지고 있어야 합니다. 밝기 레벨이 8 이상인 곳에서 흙이나 회백토에 묘목을 심으면, 종류에 따라 다르지만 게임 시간으로 약 하루 정도가 지나면 나무로 성장합니다. 빛이 있고 묘목 위에 4블록 이상 공간이 있다면 동굴이든, 네더든, 엔드든 어디서나 나무를 키울 수 있습니다.

아카시아 나무

아카시아 나무는 사바나에서만 발견할 수 있습니다. 하나의 나무에서 여러 개의 원목을 얻을 수 있지만 벌목하기 까다로운 모양을 하고 있습니다.

자작나무

자작나무는 빠르게 성장하고 높은 곳에 이파리가 자라 벌목이 쉽습니다. 그러나 수확량은 적습니다.

짙은 참나무

짙은 참나무는 가장 빠르게 성장하는 나무로, 사과를 얻을 수 있고 나무 몸통이 두꺼워 원목도 많이 얻을 수 있습니다. 다만, 짙은 참나무를 키우려면 묘목 4개가 필요합니다.

정글 나무

정글 나무는 매우 거대해 많은 원목을 얻을 수 있습니다. 그러나 정글 나무를 키우려면 많은 공간이 필요합니다.

참나무

참나무는 흔히 발견할 수 있고 사과와 정말 많은 묘목을 얻을 수 있습니다. 하지만 잎이 많아 벌목 속도가 느려질 수 있습니다.

가문비나무

가문비나무도 흔하게 발견할 수 있지만 키가 커 꼭대기까지 올라가기가 어렵습니다. 가문비나무의 묘목은 반드시 2블록씩 간격을 두고 심어야 합니다.

효율적인 배치 방법

이 방법으로 배치하면 묘목 61개, 횃불 23개, 117개의 블록이 필요합니다. 그림과 같이 묘목을 키우면 묘목 바로 옆에서 다른 묘목이 자랍니다. 넓은 간격을 두고 키웠을 때보다 수확량은 많지 않겠지만 벌목하기 쉬울 것입니다.

필요한 재료

덩굴

정글과 늪에서 발견할 수 있는 덩굴은 가위로 자를 때만 얻을
수 있습니다. 이끼 낀 돌과 이끼 낀 석재 벽돌을 제작하는
데 사용할 수 있고, 고체 블록 옆면에 설치하면 덩굴을 타고
올라갈 수도 있습니다. 위쪽 덩굴을 부수면 덩굴 아래에
설치된 덩굴도 같이 부서집니다.

간단한 덩굴 농장

이와 같은 모양으로 만들면 수확량을
최대화할 수 있습니다.

1 덩굴은 구조물 상단에서 아래쪽으로 자랍니다.

2 표시된 위치까지 덩굴이 아래로 자라면 가위로 덩굴을
자르세요. 각 줄의 맨 위에 설치된 씨앗 덩굴을 실수로 부수지
않도록 주의하세요.

선인장

가시로 뒤덮인 이 블록은 사탕수수처럼 사막과 메사에서 발견할 수 있는 모래 위에서 키울 수 있습니다. 유일한
차이점은 재배에 물이 꼭 필요하지 않다는 것입니다. 몹이나 플레이어가 선인장에 닿으면 피해를 입기 때문에
방어시설을 만드는 데 사용하면 좋습니다.

선인장 농장

선인장 농장은 원하는 만큼 위 또는 옆으로 확장할 수
있습니다. 이 농장은 자란 선인장 바로 옆에 블록이
있으면 바로 부서진다는 사실을 활용했습니다.

1 이 농장은 울타리를 사용합니다. 울타리는 부서진 선인장
아이템이 다른 선인장 위로 떨어져 파괴되지 않도록
해줍니다.

2 아래에 흐르는 물이 부서진 선인장을 상자와 연결된
깔때기로 보냅니다.

필요한 재료

덧붙이는 말

잘하셨습니다! 이제 여러분도 농사 전문가입니다. 필요한 거의
모든 것이 여러분의 손끝에 있습니다. 이제 편하게 앉아서 노동의
결실을 만끽하세요. 그리고 이렇게 모은 자원을 가지고 세계로
나가보세요. 더 먼 곳으로 탐험을 가보고 더 거대한 건물을
지어보세요. 유일한 한계는 여러분의 상상력뿐입니다.
플레이해 주셔서 고맙습니다!

오웬 존스(Owen Jones)
모장(Mojang) 팀